Herbstküche
erntefrisch auf den Tisch

Saskia van Deelen

Herbstküche

erntefrisch auf den Tisch!

Die besten
Rezepte mit den
Schätzen der
Saison

JAN THORBECKE VERLAG

VERLAGSGRUPPE PATMOS

PATMOS
ESCHBACH
GRÜNEWALD
THORBECKE
SCHWABEN
VER SACRUM

Die Verlagsgruppe
mit Sinn für das Leben

Die Verlagsgruppe Patmos ist sich ihrer Verantwortung gegenüber unserer Umwelt bewusst. Wir folgen dem Prinzip der Nachhaltigkeit und streben den Einklang von wirtschaftlicher Entwicklung, sozialer Sicherheit und Erhaltung unserer natürlichen Lebensgrundlagen an. Näheres zur Nachhaltigkeitsstrategie der Verlagsgruppe Patmos auf unserer Website www.verlagsgruppe-patmos.de/nachhaltig-gut-leben

2. Auflage 2024

Verlagsgruppe Patmos in der Schwabenverlag AG, Ostfildern
www.thorbecke.de

Fotos: Saskia van Deelen
Porträtfoto: Fee van Deelen
Texte: Lutz Carstens
Rezepte: Saskia van Deelen
Gestaltung: Finken & Bumiller, Stuttgart
Druck: Finidr s.r.o., Český Těšín
Hergestellt in Tschechien
ISBN 978-3-7995-2067-6

Inhalt

Vorwort

Wunderbar, es ist wieder so weit – die kühle Morgenluft in meinem Garten riecht nach feuchtem Moos und reifen Äpfeln. Und ich genieße das Gefühl von ruhigem Umbruch, welches der Herbst mit sich bringt. Wenn die Natur auf Reset schaltet, um vor dem großen Cooldown noch einmal zu zeigen, was sie so alles zu bieten hat.

Herbstzeit ist Erntezeit – jetzt verwöhnen uns Wochenmärkte und Handel mit Frische und Vielfalt. An jeder Ecke gibt's heimische und wertvolle gesunde Köstlichkeiten aus der Region. So sorgt der Herbst für ein naturverbundenes Lebensgefühl und eröffnet die gemütliche Saison im Haus. Ich bin zwar nicht der Typ Mensch, der gleich beim ersten Herbststurm eine Kürbissuppe kochen muss, aber ich liebe die satte Luft und die reichen Aromen, die meine Küche erfüllen, wenn deftige Gerichte aus herzhaftem Gemüse und zartem Fleisch langsam garen.

Es ist Slow-Food-Zeit – und ja, ich freue mich auf die wärmende Atmosphäre der nun länger werdenden Abende. Wie von der Natur gesteuert, verbringe ich wieder mehr Zeit in meinem Küchenreich. An Herd und Ofen wird mir bewusst, welche Bedeutung eine Mahlzeit in unserem Alltag haben sollte – dass sie eben nicht nur unsere Mägen füllt, sondern die beste Möglichkeit ist, Familie und Freunde an einem Tisch zu versammeln und sich über die Gesellschaft der anderen zu freuen.

Denn etwas steckt noch immer ganz tief in jedem von uns – unsere ersten Kulturformen, die Sprache, die Musik und die Ernährung sind durch die Annäherung ans Feuer entstanden. Und Kochen gehört zu unseren ältesten Techniken. Finden wir also zusammen, lasst uns miteinander kochen, genießen und entspannen.

Und entspannt sollen auch meine herbstlichen Rezepte sein – Wohlfühlküche ohne kompliziertes Küchenlatein, ohne komplizierte Zutaten. Dabei verwende ich ausschließlich gute Produkte, und damit ihre unverfälschte Natur erhalten bleibt, werden sie schonend und einfach zubereitet. Ich schätze ehrliche Mahlzeiten, deren Zutaten möglichst kurze Wege bis auf den Tisch zurückgelegt haben, also frisch und erschwinglich sind.

Auf geht's – holen wir uns den Herbst mit all seiner Frische, seiner Vielfalt und seinen Farben in die Küche. Dem Herbst ist dieses Kochbuch gewidmet. Nicht auf die Weise, indem ich den Saisonkalender mit möglichst vielen Zutaten durchspiele oder Suppen und Eintöpfe nach Großmutters Art aufwärme, sondern indem ich zeige, wie man im Herbst aus allseits bekannten Zutaten leicht etwas Neues zaubern kann.

Öfter mal was Neues

probieren und genießen

Kochrezepte – auch die in diesem Buch – müssen nicht immer eins zu eins umgesetzt werden. Im Gegenteil: Es kann durchaus Sinn machen, das ein oder andere Gericht individuell abzuwandeln, um beim Kochen zu lernen und genau hinzuschmecken, um dem eigenen Geschmacksinn zu vertrauen und ihn weiterzuentwickeln. Süß, sauer, salzig, bitter und umami – warum nicht mal mit den Geschmacksqualitäten, die wir über unsere Zunge schmecken, Experimente wagen, Aromen, von denen es unzählige gibt, ganz bewusst über die Nase wahrnehmen und die sich bietenden Möglichkeiten kreativ von Mahl zu Mahl variieren? Das kann man in der eigenen Küche vorzüglich üben, indem man die ein oder andere Zutat ganz nach eigenem Geschmack oder bestimmten Vorlieben öfter mal durch etwas Ähnliches ersetzt. Dabei soll die folgende Übersicht behilflich sein:

Was passt wozu? Was harmoniert mit welchem Gemüse?

KOHL – verschiedene Sorten Rosenkohl • Grünkohl • Spitzkohl • Weißkohl
harmonieren mit Kümmel, Mandeln, Pinienkernen, Chili, Knoblauch, Käse

KOHLKÖPFE Blumenkohl• Brokkoli • Romanesco
harmonieren mit Mandeln, Schnittlauch, Kapern, Käse, Senf

BLATTGEMÜSE Spinat • Mangold • Rote-Bete-Blätter
harmonieren mit Knoblauch, Chili, Olivenöl, Parmesan, Eiern

BOHNEN Dicke & grüne Bohnen • Erbsen • Zuckererbsen • Zuckerschoten
harmonieren mit Minze, Knoblauch, Ricotta, Petersilie

WURZELN & Co. Karotten • Pastinaken • Knollensellerie • Staudensellerie •Fenchel
harmonieren mit Mayonnaise, Kreuzkümmel, Zitronen, Oliven, Senf

ANDERE WURZELN Rote Bete • Steckrüben • Speiserüben • Topinambur
harmonieren mit Kümmel, Petersilie, Salbei, Essig, Orangen, Nüssen

ZWIEBELN & LAUCH Zwiebeln • Lauch • Frühlingszwiebeln • Knoblauch
harmonieren mit Salbei, Parmesan, Balsamessig

SÜßES GEMÜSE Süßkartoffeln • Speisekürbissorten
harmonieren mit Knoblauch, Salbei, Rosmarin, Chili, Kokosnuss, Koriander, Limette, Blauschimmelkäse, Nüssen

NACHTSCHATTENGEWÄCHSE
Tomaten • Auberginen • Paprika • Zucchini
harmonieren mit Minze, Basilikum, Oregano, Essig, Kapern, Mozzarella, Chili

Saisonkalender Herbst & Winter

frisch aus dem Freiland

Ciao Sommer, willkommen Herbst: Der **September** ist kulinarisch der großzügigste Monat des ganzen Jahres. Jetzt können wir die Reste spätsommerlicher Vielfalt an Obst und Gemüse genießen und uns gleichzeitig über die ersten herbstlichen Köstlichkeiten freuen. Es gibt frisches Gemüse im Überfluss, knackige Äpfel, frische Trauben und erste Zwetschgen.

September → Freiland:

- Blumenkohl, Bohnen, Brokkoli, Chinakohl, Erbsen, Fenchel, Frühlingszwiebeln, Grünkohl, Gurken, Kartoffeln, Knollensellerie, Kohlrabi, Kürbis, Mangold, Möhren, Paprika, Pastinaken, Porree (Lauch), Radieschen, Rettich, Rosenkohl, Rote Bete, Rotkohl, Schwarzwurzeln, Speiserüben, Spinat, Spitzkohl, Staudensellerie, Steckrübe, Weißkohl, Wirsing, Zucchini, Zuckermais, Zwiebeln
- Batavia, Eichblattsalat, Eisbergsalat, Endiviensalat, Feldsalat, Kopfsalat, Lollo Rosso, Portulak, Radicchio, Römersalat, Rucola
- Äpfel, Birnen, Blaubeeren, Brombeeren, Pfirsich, Pflaumen, Stachelbeeren, Trauben

Goldener **Oktober**. Jetzt zeigt sich unsere Natur von ihrer schönsten Seite – auch in der Küche. Denn mit dem Herbst kommen wieder Wurzel- und Knollengemüse, Pilze und knackiges Frischobst in den Handel. Im Oktober gibt es reichlich robuste Gemüsesorten, gesund und frisch aus regionalem Freilandanbau. Zucchini und Zuckermais sowie Brombeeren und Trauben sind aber nur noch kurz zu haben.

Oktober → Freiland:

- Blumenkohl, Bohnen, Brokkoli, Chinakohl, Fenchel, Frühlingszwiebeln, Grünkohl, Kartoffeln, Knollensellerie, Kohlrabi, Kürbis, Möhren, Pastinaken, Porree (Lauch), Radieschen, Rettich, Rosenkohl, Rote Bete, Rotkohl, Schwarzwurzeln, Speiserüben, Spinat, Spitzkohl, Staudensellerie, Steckrübe, Weißkohl, Wirsing, Zucchini, Zuckermais, Zwiebeln
- Eisbergsalat, Endiviensalat, Feldsalat, Kopfsalat, Radicchio, Romanasalat, Rucola
- Äpfel, Brombeeren, Quitten, Trauben

Jahr für Jahr beendet der nasskalte **November** die Erntezeit und kündigt mit erstem Frost den kommenden Winter an. Jetzt stehen Grünkohl und Rosenkohl erntefrisch hoch im Kurs und in der kalten Küche kommen Kopfsalat und Chicorée ins Spiel. Gesunden Kohl und Kürbisse gibt's im Überfluss. Aber die Auswahl an Obstsorten aus der Gegend schrumpft merklich: Nur die Quitten haben jetzt noch Hochsaison.

November → Freiland:

- Blumenkohl, Brokkoli, Chinakohl, Frühlingszwiebeln, Grünkohl, Kartoffeln, Knollenfenchel, Knollensellerie, Kürbis, Möhren, Pastinaken, Porree (Lauch), Radieschen, Rettich, Rosenkohl, Rote Bete, Rotkohl, Schwarzwurzeln, Speiserüben, Spinat, Spitzkohl, Staudensellerie, Steckrübe, Weißkohl, Wirsing, Zwiebeln
- Endiviensalat, Feldsalat, Radicchio, Romanasalat, Rucola
- Quitten (Äpfel, Birnen)

Im **Dezember** sinken die Temperaturen in den Minusbereich. Die Auswahl an Gemüse- und Obstsorten aus regionalem Freilandanbau ist auf dem Tiefstand. Nur Porree, Rosen- und Grünkohl sind noch erntefrisch im Handel erhältlich. Wir sind jetzt auf Lagerware angewiesen. Und so bleibt's bis zum Monat März, wenn der Frühling in den Startlöchern steht und die Natur mit Kopfsalat und Rhabarber die neue Erntesaison im heimischen Freiland eröffnet.

Dezember/Januar/Februar → Freiland:

- Grünkohl, Porree, Rosenkohl

Kapitel 1

Frühstück – *ein guter Start in den Tag*

Ein warmes Frühstück, zumal wenn es danach raus ins kühle Morgengrau und an die Arbeit geht, ist gesund und macht mich munter. Es kann sogar Wunder wirken: Denn es weckt den Stoffwechsel, ist bekömmlich, wird schnell verdaut. Und ja, es kann Heißhungerattacken ausbremsen. Zuverlässig gelingt mir das mit Porridge aus Haferflocken. Die liefern wertvolle Kohlenhydrate, füllen Kraftreserven auf und halten lange satt. Ob warm oder kalt, süß oder herzhaft, Muntermacher oder Sattmacher – hier sind meine Frühstücksideen, mit denen man jetzt bestens über den Tag kommt.

White Baked Beans

mit Spinat und Artischockenherzen

veggy!

Zubereitung ca. 40 Minuten
Für 4 Personen

Zutaten

300 g eingelegte Artischockenherzen (Abtropfgewicht)
1 Zwiebel
1 Knoblauchzehe
100 g Blattspinat
375 g weiße Bohnen (Abtropfgewicht)
Olivenöl
1 EL Sesampaste
100 ml Gemüsefond oder -brühe
Salz
½ TL Chiliflocken
1 TL Apfelbalsamessig
25 g geriebener Parmesan
1 TL Zitronenabrieb
4 Scheiben Sauerteigbrot

Die Artischockenherzen abtropfen lassen und klein schneiden. Die Zwiebel und die Knoblauchzehe abziehen und fein hacken. Den Spinat waschen, trocknen und ggf. größere Blätter klein schneiden. Die weißen Bohnen durch ein Sieb schlagen und abtropfen lassen.

Die Hälfte der Artischockenherzen in einer Pfanne in 1 EL Olivenöl braten, bis sie eine leichte Bräune angenommen haben.

2 EL Olivenöl in einem Topf erhitzen, die Zwiebel und den Knoblauch darin glasig dünsten. Die restlichen Artischockenherzen zugeben und mitschmoren. Die Bohnen mit dem Spinat, der Sesampaste und dem Gemüsefond hineingeben und ca. 10 Minuten schmoren. Mit Salz, Chiliflocken und Apfelbalsamessig abschmecken. Zum Schluss die Hälfte des Parmesans und den Zitronenabrieb untermischen.

Die Brotscheiben toasten, mit Olivenöl beträufeln, mit den Bohnen belegen und mit den gebratenen Artischockenherzen toppen. Mit dem restlichen Parmesan bestreut servieren.

Tipp:
Eventuelle Reste der White Baked Beans kann man pürieren und als Brotaufstrich verwenden.

Grünkohl-Bauernfrühstück

mit Kohlwurst und Honig-Senfgurken

Zubereitung ca. 45 Minuten
Für 4 Personen

Für die Honig-Senfgurken
1 feste Salatgurke
1 rote Zwiebel
250 ml Weißweinessig
125 g Honig
1 EL Senfkörner
1 Lorbeerblatt
1 Nelke
2 Pimentkörner
1 TL schwarze Pfefferkörner
4 Wacholderbeeren

Für das Bauernfrühstück
2 rote Zwiebeln
250 g Grünkohl
Olivenöl
Salz
500 g kalte, gepellte Kartoffeln
2 Kohlwürste (jeweils ca. 100 g)
6 Eier
frisch gemahlener Pfeffer

Tipp:
Statt frischen Grünkohl einfach Schwarzkohl-Pesto (Rezept Seite 41) verwenden.

Für die Senfgurken die Gurke schälen, halbieren, entkernen und in mundgerechte Stücke schneiden. Die Zwiebel abziehen und in Ringe oder Streifen schneiden. Die Gurke und die Zwiebel mischen und in ein Glas geben. Den Essig und 250 ml Wasser mit dem Honig und den Gewürzen in einen Topf geben und ca. 5 Minuten kochen. Anschließend den heißen Sud über die Gurke und die Zwiebeln in das Glas gießen, gleich verschließen, abkühlen und durchziehen lassen.

Für das Bauernfrühstück die Zwiebeln abziehen und klein hacken. Den Grünkohl waschen, trocknen und klein schneiden. Die Zwiebeln in einer tiefen Pfanne in 2 EL Olivenöl glasig dünsten, den Grünkohl zugeben, salzen und ca. 20 Minuten dünsten.

Die erkalteten Kartoffeln in Scheiben schneiden und in 2 EL Olivenöl in einer ofenfesten Pfanne von beiden Seiten kross braten. Die Kohlwürste in Scheiben oder Würfel schneiden, zu den Kartoffeln geben und ca. 5 Minuten mitbraten.

Den Backofen auf 180 °C Ober-/Unterhitze vorheizen.

Den Grünkohl zu den Kartoffeln und den Kohlwürsten in die Pfanne geben. Die Eier verquirlen, mit Salz und Pfeffer würzen, über die Mischung in der Pfanne gießen und ca. 5 Minuten bei mittlerer Hitze stocken lassen.

Anschließend die Pfanne in die Mitte des Backofens schieben und ca. 15 Minuten backen.

Das Grünkohl-Bauernfrühstück mit den Honig-Senfgurken servieren.

Blutorangen-Ingwer-Shot

veggy!

Zubereitung ca. 10 Minuten
Für ca. 7–8 Shots

Zutaten
100 g Bio-Ingwer
2 Blutorangen
1 Zitrone
1–2 EL Honig
1 Prise gemahlener Bio-Sternanis

Den Ingwer schälen und fein reiben. Die Blutorangen und die Zitrone auspressen. Die Säfte mit dem Ingwer, dem Honig und dem gemahlenen Sternanis mischen.

Die Blutorangen-Shots in sterile, kleine Fläschchen abfüllen und im Kühlschrank lagern.

Tipp:
Ingwer-Shots lassen sich auch mit anderen frisch gepressten Säften, z. B. aus Äpfeln oder Zitronen, herstellen. Die Menge an frischem Ingwer und Sternanis lässt sich je nach Geschmack und gewünschter Schärfe anpassen.

Bratapfel-Porridge

mit Zimt, Ingwer und gebranntem Mandel-Crunch

veggy!

Zubereitung ca. 15 Minuten
Für 2 Personen

Zutaten
1 säuerlicher Apfel
100 g Weintrauben
1 EL Butter
1 TL Zimt
80 g zarte Haferflocken
200 ml Apfelsaft
1 TL frisch geriebener Ingwer
1 Prise Salz
90 g gebrannte Mandeln
(Rezept Seite 137)
1 EL Bratapfelsirup
(Rezept Seite 134)

Den Apfel waschen, trocknen und mit der Schale in dünne Stifte hobeln. Die Weintrauben waschen und trocknen. Die Butter in einer Pfanne schmelzen, die Apfelstifte, die Weintrauben und ½ TL Zimt dazugeben und ca. 3 Minuten schmoren.

Die Haferflocken mit dem Apfelsaft, 200 ml Wasser, dem Ingwer und dem Salz in einem Topf unter Rühren ca. 2–3 Minuten leicht köcheln. Restlichen Zimt unterrühren.

Die gebrannten Mandeln grob hacken. Den warmen Porridge mit dem gebratenen Apfel, den Weintrauben und den gehackten Mandeln servieren. Nach Geschmack mit Bratapfelsirup süßen.

Tipp:
Statt gebrannter Mandeln (Rezept Seite 137) können als Topping auch ungesüßte Mandeln oder Nüsse verwendet werden. Statt mit Bratapfelsirup mit Ahornsirup oder Honig süßen.

Buttermilch-Pancakes

mit gemischten Früchten

veggy!

Zubereitung ca. 30 Minuten
Für ca. 10 kleine Pancakes

Zutaten
150 g Mehl
1 TL Backpulver
¼ TL Natron
1 Prise Salz
3 EL Zucker
1 Päckchen Vanillezucker
1 Ei (Größe M)
250 ml Buttermilch
25 g flüssige Butter
3 EL Öl zum Braten
Früchte der Saison
Ahornsirup nach Geschmack

Mehl, Backpulver, Natron, Salz, Zucker und Vanillezucker in einer Schüssel mischen. Das Ei mit der Buttermilch und der flüssigen Butter mischen. Nun alles zusammen in einer Schüssel mit einem Schneebesen gut verrühren, bis alle Klümpchen aufgelöst sind. Anschließend den Teig 10 Minuten ruhen und quellen lassen.

Das Öl in einer Pfanne erhitzen, ca. 3 EL Teig pro Pancake in die Pfanne geben und bei mittlerer Hitze so lange braten, bis sich auf der Oberseite kleine Bläschen bilden. Wenn diese zu platzen beginnen, wenden und auch von der anderen Seite goldbraun braten.

Fertige Pancakes bei ca. 80 °C im Ofen warmhalten.

Die Pancakes mit Ahornsirup und frischen Früchten servieren.

Tipp:
Dazu passen auch das im Ofen geschmorte Obst (Rezept Seite 145) und natürlich das ganze Jahr über jeweils die Früchte der Saison.

Frischkäse-Creme

mit geschmolzenen Tomaten

veggy!

Zubereitung 20 Minuten
Abtropfzeit ca. 12 Stunden
Für 4 Personen

Zutaten
500 g Natur-Joghurt (10 %)
Salz
frisch gemahlener Pfeffer
500 g Kirschtomaten
2 Knoblauchzehen
1–2 EL Olivenöl
1 Zweig Oregano

Ein Sieb in eine Schüssel hängen und mit einem Mull- oder Geschirrtuch auslegen. Den Joghurt mit je 1 TL Salz und Pfeffer mischen und in das Tuch geben. Das Tuch um den Joghurt drehen, bis etwas Flüssigkeit austritt. Anschließend die Schüssel samt Tuch und Joghurt in den Kühlschrank stellen und ca. 12 Stunden abtropfen und fest werden lassen.

Die Tomaten waschen und trocknen. Die Knoblauchzehen abziehen und in dünne Scheiben schneiden. Das Olivenöl in einer Pfanne erhitzen, die Tomaten und den Knoblauch zugeben und so lange schmoren, bis die Haut der Tomaten platzt und Saft austritt. Mit Salz und Pfeffer abschmecken.

Den Oregano waschen, trockenschütteln und die Blättchen abzupfen.

Den abgetropften Joghurt auf einen Teller geben, mit den warmen Tomaten und dem Oregano servieren.

Dazu passen Baguette, geröstetes Sauerteigbrot oder frisch gebackenes Walnuss-Baguette (Rezept Seite 126).

Tipp:
Geschmolzene Tomaten passen auch gut zu cremiger Burrata oder Schafskäse.

Quittengelee
mit Zitronenmelisse

veggy!

Zubereitung ca. 1 Stunde
Für ca. 600 ml

Zutaten
500 g Quitten
1 Zitrone
1 Vanilleschote
3 Stängel Zitronenmelisse
250 g Gelierzucker 2:1

Die Quitten waschen, gründlich abbürsten und den Flaum entfernen. Die Früchte vierteln und das Kerngehäuse herausschneiden. Das Fruchtfleisch klein würfeln, in einen Topf geben und mit ca. 800 ml Wasser bedecken. Die Zitrone auspressen, den Saft dazugeben und die Quitten ca. 30–40 Minuten bei mittlerer Hitze köcheln, bis sie weich sind.

Ein Sieb in eine Schüssel hängen, mit einem Mull- oder Passiertuch auslegen, die gegarten Quitten abgießen und den Sud in die Schüssel abtropfen lassen. Dabei die gekochten Quitten nur leicht ausdrücken – nicht auspressen, sonst wird das Gelee trüb.

Den Quittensaft abkühlen lassen und 600 ml abmessen. Die Vanilleschote längs halbieren, das Mark herauskratzen und mit der Zitronenmelisse zum Saft geben. Den Saft mit dem Gelierzucker in einem Topf sprudelnd aufkochen lassen, durchgehend rühren und nach Packungsanweisung zu Gelee einkochen. Gelierprobe machen.

Die Zitronenmelisse entfernen, das Quittengelee in sterile Gläser abfüllen, fest verschließen und abkühlen lassen.

Tipp:
Das Quittengelee eignet sich als Füllung für die Kartoffelhörnchen (Rezept Seite 141).

Kapitel 2

Gemüse – *saisonal, regional, einfach gut*

Herbstzeit ist Erntezeit. Gute Gründe, jetzt Gemüse zu genießen, gibt es einige: Die Wochenmärkte und der Handel locken mit frischen heimischen und wertvollen gesunden Köstlichkeiten aus der Region. Gibt es etwas Besseres als den Geschmack einer Karotte, die soeben aus der Erde gezogen wurde? Wurzeln, Beten, Kohl und Co. schmecken frisch vom Feld einfach großartig. Ihr hoher Vitamin- und Nährstoffgehalt tut uns gut und ist gesundheitsfördernd. Und die Preise sind niedrig. In diesem Kapitel soll es um die Vielseitigkeit und die kulinarischen Vorzüge heimischer Zutaten gehen, die im kreativen Mix köstliche Abwechslung in die grüne Herbstküche bringen.

Confierter Knoblauch

im Glas

veggy!

Zubereitung ca. 20 Minuten
Backzeit ca. 2 Stunden
Für ca. 500 ml

Zutaten
4 Knoblauchknollen
2 Zweige Thymian
2 Zweige Rosmarin
2 Zweige Oregano
400–500 ml Olivenöl
3 Lorbeerblätter
12 schwarze Pfefferkörner
2 TL Zitronenabrieb

Tipp:
Confierter Knoblauch ist ein schönes Mitbringsel aus der eigenen Küche. Das Öl nimmt mit der Zeit Knoblaucharoma an und lässt sich gut zum Würzen verwenden.

Den Backofen auf 80 °C Ober-/Unterhitze vorheizen.

Die Knoblauchknollen in einzelne Zehen teilen und jeweils die Schale abziehen. Alle Kräuter waschen, trockentupfen und mit den Knoblauchzehen in eine kleine, passende Auflaufform geben. Das Olivenöl zugießen, bis alle Knoblauchzehen bedeckt sind. Sollte das Olivenöl nicht ausreichen, noch etwas nachgießen. Lorbeerblätter, Pfefferkörner und Zitronenabrieb untermischen.

Die Auflaufform in die Mitte des Backofens schieben und ca. 2 Stunden backen, bis die Knoblauchzehen eine leichte Bräune haben und weich sind.

Den Knoblauch mit dem Olivenöl und den Kräutern in ein großes Glas oder zwei kleine Gläser abfüllen.

Confierter Knoblauch schmeckt pur auf geröstetem Brot und eignet sich für Salatdressings und Kartoffel- oder Kürbispüree (Rezept Seite 62), kann aber auch prima für Pesto oder für alle Gerichte, die Knoblauch enthalten, verwendet werden.

Tagliatelle

mit gebratenem Stangenbrokkoli und cremiger Cashewsauce

veggy!

Zubereitung ca. 30 Minuten
Für 4 Personen

Zutaten
1 Knoblauchzehe
2 cm Ingwer
3 EL Sojasauce
2 EL geröstetes Sesamöl
3 EL Cashewmus (siehe Tipp)
2 EL Sesampaste
1 EL Ahornsirup
1 EL Zitronensaft
400 g Tagliatelle
Salz
400 g Stangenbrokkoli
2 TL gerösteter weißer Sesam

Für die Cashewsauce die Knoblauchzehe abziehen und pressen. Den Ingwer schälen und fein reiben. Beides mit Sojasauce, 1 EL Sesamöl, Cashewmus, Sesampaste, Ahornsirup und Zitronensaft mischen.

Die Tagliatelle nach Packungsanweisung in Salzwasser garen.

Den Stangenbrokkoli waschen, trocknen, ggf. klein schneiden und in einer Pfanne in 1 EL Sesamöl ca. 5 Minuten bissfest braten. Mit Salz abschmecken.

50 ml Nudelwasser zur Cashewsauce geben und die Tagliatelle tropfnass untermischen. Die Nudeln mit dem Stangenbrokkoli toppen und mit Sesam bestreut servieren.

Tipp:
Um Cashewmus selbst zu machen, 150 g Cashewkerne in eine Schüssel geben, Wasser zugießen, bis alle Cashewkerne vollständig bedeckt sind. Die Cashewkerne mindestens 4 Stunden oder über Nacht einweichen. Anschließend das Wasser abgießen, die Cashewkerne abtropfen lassen und pürieren.

Gebratener Rosenkohl

in Orangenbutter auf Kichererbsen-Bohnen-Creme

veggy!

Zubereitung ca. 30 Minuten
Für 4 Personen

Für die Creme
250 g vorgegarte Kichererbsen (Abtropfgewicht)
250 g vorgegarte weiße Bohnen (Abtropfgewicht)
2 Knoblauchzehen
1 Prise Kreuzkümmel
2 EL Sesampaste
Salz
frisch gemahlener Pfeffer
2 EL Zitronensaft

Für den Rosenkohl
750 g Rosenkohl
3 EL Olivenöl
Salz
80 g Honig
2 EL Butter
Saft einer halben Orange
2 EL Apfelessig
½ TL Chiliflocken
100 g Schafskäse
6 EL Granatapfelkerne

Für die Creme die Kichererbsen und die weißen Bohnen abspülen und abtropfen lassen. Die Knoblauchzehen abziehen, pressen und mit Kichererbsen, Bohnen, Kreuzkümmel, Sesampaste, Salz, Pfeffer und Zitronensaft in ein hohes Gefäß geben und mit einem Stabmixer zu einer feinen Creme verarbeiten. Sollte die Masse zu fest sein, etwas kaltes Wasser zugeben und mixen, bis die gewünschte Konsistenz erreicht ist.

Den Rosenkohl putzen, waschen und die Röschen halbieren. Das Olivenöl in einer Pfanne erhitzen und den Rosenkohl darin rundherum ca. 10–15 Minuten bissfest braten. Mit Salz abschmecken.

Den Honig mit der Butter in einem kleinen Topf aufkochen, vom Herd ziehen, den Orangensaft und den Apfelessig zugießen und mit Salz und Chiliflocken würzen.

Den Rosenkohl mit der Orangenbutter mischen und auf der Kichererbsen-Bohnen-Creme anrichten. Den Schafskäse zerbröseln und mit den Granatapfelkernen über den Rosenkohl streuen.

Rote-Bete-Carpaccio

mit Mangold, Roastbeef und scharfer Meerrettich-Sauce

Zubereitung ca. 1 Stunde
Für 4 Personen

Zutaten
700 g Rote-Bete-Knollen
200 g Crème fraîche
100 g frisch geriebener Meerrettich (alternativ fertig aus dem Glas)
1 Spritzer Zitronensaft
Salz
200 g Baby-Leaf-Mangold
6 EL Olivenöl
3 EL weißer Balsamico
1 TL Honig
frisch gemahlener Pfeffer
12 Scheiben Roastbeef
100 g gehobelter Parmesan
2 EL geröstete Pinienkerne

Tipp:
Wenn es schneller gehen soll, einfach fertig gegarte, vakuumierte Rote Bete verwenden.

Die Blätter der Rote-Bete-Knollen entfernen, die Knollenenden nicht abschneiden. Die Knollen waschen und in kochendem Wasser je nach Größe ca. 40 Minuten leicht köchelnd garen. Die Rote Bete abgießen, kalt abschrecken und abkühlen lassen.

In der Zwischenzeit für die Sauce die Crème fraîche mit dem Meerrettich vermischen und mit dem Zitronensaft und etwas Salz abschmecken.

Den Mangold putzen, waschen und trockenschleudern.

Die Rote-Bete-Knollen schälen, in feine Scheiben hobeln und leicht überlappend auf Tellern oder einer flachen Schale verteilen. Das Olivenöl mit dem Balsamico und dem Honig mischen, mit Salz und Pfeffer würzen und über das Rote-Bete-Carpaccio träufeln. Den Mangold und die Roastbeef-Scheiben locker darauf verteilen und mit dem Meerrettich-Dressing anrichten.

Parmesan darüberhobeln und mit Pinienkernen bestreut servieren.

Rotkohlsteaks

aus dem Ofen mit Blutorangen-Marinade und geschmorten Weintrauben

veggy!

Zubereitung ca. 50 Minuten
Für 4 Personen

Zutaten
1 Rotkohl (ca. 1 kg)
2 Zweige frischer Thymian
2 Blutorangen
6 EL Olivenöl
4 EL Balsamico
2 EL mittelscharfer Senf
2–3 EL Brombeergelee
Salz
frisch gemahlener Pfeffer
200 g dunkle Weintrauben

Tipp:
Statt Brombeergelee kann auch Ahornsirup verwendet werden.

Den Backofen auf 180 °C Ober-/Unterhitze vorheizen.

Den Rotkohl putzen, waschen und vom Strunk her nach oben in ca. 2 cm dicke Scheiben schneiden. Die Scheiben auf ein mit Backpapier ausgelegtes Backblech legen.

Für die Marinade den Thymian waschen, trocknen und die Blätter abzupfen. Die Blutorangen auspressen, den Saft mit Olivenöl, Balsamico, Senf, Brombeergelee und Thymian mischen. Die Hälfte der Marinade auf den Rotkohlscheiben verstreichen, diese mit Salz und Pfeffer würzen und in der Mitte des Backofens ca. 40 Minuten backen.

Die Weintrauben waschen, trocknen, halbieren und nach ca. 20 Minuten zu den Rotkohlscheiben in den Backofen geben.

Die restliche Marinade in einem Topf kurz erhitzen.

Die Rotkohlsteaks und die Weintrauben aus dem Ofen nehmen und mit der warmen Marinade servieren.

Dazu passt Kartoffel- oder Kürbispüree (Rezept Seite 62).

Schwarzkohl-Pesto

veggy!

Zubereitung ca. 20 Minuten
Für ca. 4 Portionen

Zutaten
200 g Schwarzkohl
Salz
60 g Pinienkerne
1 Knoblauchzehe
50 g Parmesan
100 ml Olivenöl
frisch gemahlener Pfeffer
1 Spritzer Zitronensaft

Den Schwarzkohl waschen, putzen, in feine Streifen schneiden und in kochendem Salzwasser für ca. 1–2 Minuten blanchieren. Den Schwarzkohl durch ein Sieb abgießen, mit kaltem Wasser abschrecken und gut abtropfen lassen.

Die Pinienkerne in einer Pfanne ohne Fett rösten. Die Knoblauchzehe abziehen und pressen. Den Parmesan reiben.

Den Schwarzkohl mit den Pinienkernen, dem Parmesan und dem Olivenöl in einem Blitzhacker oder mit einem Pürierstab fein mixen. Sollte das Pesto nicht flüssig genug sein, etwas mehr Olivenöl zugeben.

Mit Salz, Pfeffer und Zitronensaft abschmecken.

Tipps:
Schwarzkohl-Pesto passt zu Nudeln, Risotto (Rezept Seite 42) oder Kartoffeln. Es eignet sich auch als herzhafter Brotaufstrich. Statt Schwarzkohl kann auch Grünkohl verwendet werden.

Würziges Schwarzkohl-Risotto

mit gebratenen Pilzen

veggy!

Zubereitung ca. 35 Minuten
Für 4 Personen

Für das Risotto
1 l Gemüsefond
2 Schalotten
1 Knoblauchzehe
2 EL Olivenöl
250 g Risotto-Reis
200 ml trockener Weißwein, alternativ Gemüsefond
2 EL kalte Butter
6–8 EL Schwarzkohl-Pesto (Rezept Seite 41)
40 g geriebener Parmesan plus etwas zum Servieren
Salz
frisch gemahlener Pfeffer
1 EL gehackte Petersilie

Für die Pilze
250 g gemischte Pilze
1 Knoblauchzehe
1 EL Olivenöl
2 EL Sojasauce

Für das Risotto den Gemüsefond erhitzen. Die Schalotten und die Knoblauchzehe abziehen, fein hacken und in 2 EL Olivenöl in einem Topf glasig dünsten. Den Reis untermischen, mit dem Weißwein ablöschen und bei mittlerer Hitze unter Rühren einkochen lassen, bis der Weißwein verdampft ist. Heißen Gemüsefond zugießen, bis alle Reiskörner bedeckt sind. Das Risotto ca. 20–25 Minuten garen. Dabei rühren und immer wieder mit etwas Gemüsefond aufgießen, bis er aufgebraucht ist.

Die Pilze putzen und je nach Größe klein schneiden. Die Knoblauchzehe abziehen und fein hacken. Die Pilze und den Knoblauch in einer Pfanne in Olivenöl andünsten, die Sojasauce untermischen und alles ca. 4 Minuten braten.

Das Risotto vom Herd nehmen, die kalte Butter, das Schwarzkohl-Pesto und den Parmesan untermischen und mit Salz und Pfeffer abschmecken. Mit den Pilzen anrichten und mit Petersilie und Parmesan bestreut servieren.

Süßkartoffel-Gnocchi

in Salbei-Butter

veggy!

Zubereitung ca. 1 Stunde
10 Minuten
Für 4 Personen

Für die Süßkartoffel-Gnocchi
700 g Süßkartoffeln
1 Eigelb (Größe M)
80 g geriebener Parmesan
80 g Mehl (Type 550)
60 g Hartweizengrieß
20 g Kartoffelstärke
1 TL Salz
1 TL Zitronenabrieb

Für die Salbeibutter
100 g Butter
1 Knoblauchzehe
15 Salbeiblätter

Den Backofen auf 200 °C Ober-/ Unterhitze vorheizen.

Die Süßkartoffeln schälen, in grobe Stücke schneiden und auf einem mit Backpapier ausgelegten Backblech verteilen. Die Süßkartoffeln ca. 20 Minuten in der Mitte des Backofens backen.

Die Süßkartoffeln abkühlen lassen und mit dem Eigelb mit einem Stabmixer cremig pürieren. Parmesan, Mehl, Hartweizengrieß, Kartoffelstärke und Salz zugeben und alles zu einem geschmeidigen Teig verarbeiten. Den Teig zu ca. 2 cm dicken Rollen formen und mit einem Messer in 1 cm große Stücke schneiden. Die einzelnen Teigstücke mit den Händen zu Gnocchi formen. Für ein Muster mit den Zinken einer Gabel leicht eindrücken.

Die Gnocchi in kochendem Salzwasser garen, bis sie an der Oberfläche schwimmen. Mit einer Schöpfkelle herausnehmen oder durch ein Sieb schlagen und abtropfen lassen.

Für die Salbeibutter die Butter in einer Pfanne schmelzen. Die Knoblauchzehe abziehen, andrücken und im Ganzen zur Butter geben. Die gewaschenen und getrockneten Salbeiblätter darin knusprig braten. Sobald die Butter braun wird, die Pfanne vom Herd nehmen.

Die Knoblauchzehe entfernen, die Süßkartoffel-Gnocchi in der Salbeibutter schwenken und mit frisch geriebener Zitronenschale bestreut servieren.

Wirsing-Nudeln
mit Birnen und Speck

Zubereitung ca. 40 Minuten
Für 4 Personen

Zutaten
600 g Wirsing
2 rote Zwiebeln
2 Birnen
400 g Nudeln
Salz
4 EL Olivenöl
50 g gewürfelter Speck
200 ml Gemüsebrühe
200 ml Sahne
1 TL Majoran
frisch gemahlener Pfeffer
4 EL geriebener Parmesan
2 EL gehackte Walnüsse

Den Wirsing putzen, in feine Streifen schneiden, waschen und in einem Sieb abtropfen lassen. Die Zwiebeln abziehen und in Ringe schneiden. Die Birnen waschen, trocknen, vierteln und das Kerngehäuse entfernen.

Die Nudeln in Salzwasser nach Packungsanweisung garen.

2 EL Olivenöl in einer Pfanne erhitzen und den Wirsing darin ca. 2 Minuten schmoren. Die Zwiebelringe und den Speck hineingeben und mitbraten. Die Gemüsebrühe und die Sahne zugießen, mit Majoran, Salz und Pfeffer würzen und ca. 2 Minuten köcheln lassen.

Das restliche Olivenöl in einer weiteren Pfanne erhitzen und die Birnen darin jeweils 1–2 Minuten auf jeder Schnittseite braten.

Die tropfnassen Nudeln in die Pfanne zum Wirsing geben. Alles gut mit 2 EL geriebenem Parmesan mischen und noch einmal aufkochen.

Die Nudeln mit den geschmorten Birnen und den gehackten Walnüssen anrichten und mit dem restlichen Parmesan bestreut servieren.

Kapitel 3

Geschmortes – *macht mehr aus Fleisch und Gemüse*

Umgangssprachlich bedeutet „schmoren lassen“, jemanden einer unangenehmen Lage aussetzen oder die Erledigung von etwas unnötig hinauszögern. Im Küchenkontext lassen wir Fleisch oder Gemüse aber mit positiver Absicht schmoren. Denn beim Schmoren wird aus Fleisch eine butterweiche Köstlichkeit, Gemüse bleibt saftig und eine leckere Sauce entsteht dabei gleich mit. Um das zu erreichen, müssen wir unsere Hauptzutat zunächst scharf anbraten und anschließend in siedender Flüssigkeit garen. Dabei wirken trockene und feuchte Hitze gleichzeitig, da das Gargut nicht komplett von der Flüssigkeit bedeckt ist. Der besondere Clou: Beim Anbraten entstehen mehr Röstaromen als beim Kochen. Sie bleiben beim Schmoren erhalten und geben Fleisch oder Gemüse ein rauchiges, würziges Aroma. Hier kommen sieben Schmorgerichte, die wärmen und glücklich machen.

Geschmorte Auberginen

mit knusprigen Kichererbsen und Zitronen-Joghurt-Sauce

veggy!

Zubereitung ca. 1 Stunde 10 Minuten
Für 4 Personen

Zutaten
4 Auberginen je ca. 200 g
3 rote Zwiebeln
Olivenöl
2 TL Kreuzkümmel
Salz
frisch gemahlener Pfeffer
1 Zitrone
75 g Sesampaste
6 EL Joghurt
1 Knoblauchzehe
500 g vorgegarte Kichererbsen
1 Prise Piment
8 entsteinte Datteln
2 EL gehackte Petersilie
Ahornsirup nach Geschmack

Den Backofen auf 190 °C Ober-/Unterhitze vorheizen.

Die Auberginen waschen, trocknen, die Enden abschneiden und in ca. 2 cm dicke Scheiben schneiden. Die Zwiebeln abziehen, halbieren und in Spalten schneiden. Die Auberginenscheiben auf ein mit Backpapier ausgelegtes Backblech legen und die Zwiebeln drum herum verteilen. 6 EL Olivenöl mit 1 TL Kreuzkümmel mischen und mit Salz und Pfeffer würzen. Die Auberginen mit der Mischung bestreichen. Das Backblech in die Mitte des Ofens schieben und die Auberginen mit den Zwiebeln ca. 50 Minuten backen. Nach 35 Minuten die Auberginen wenden und weiterbacken.

In der Zwischenzeit für das Dressing die Zitrone auspressen und den Saft mit 75 ml Olivenöl, der Sesampaste und dem Joghurt verrühren. Die Knoblauchzehe abziehen, pressen und zusammen mit 70 ml kaltem Wasser unterrühren. Mit Salz und Pfeffer abschmecken.

Die Kichererbsen abgießen, waschen, abtropfen lassen und in 1 EL Olivenöl ca. 3 Minuten braten. Mit Salz, Pfeffer, Piment und 1 TL Kreuzkümmel würzen.

Die Datteln klein schneiden. Die Kichererbsen auf einer Platte oder Schale verteilen und die Auberginen mit den Zwiebeln darauf anrichten. Mit Datteln und Petersilie bestreuen und einen Teil des Joghurt-Dressings darübergießen. Die restliche Joghurtmischung in einem Schälchen dazu servieren.

Zum Schluss nach Geschmack mit Ahornsirup beträufeln.

Boeuf Bourguignon – *der Klassiker mit karamellisierten Schalotten und Champignons*

Zubereitung ca. 30 Minuten
Schmorzeit ca. 2 Stunden
Für 4 Portionen

Für das Boeuf Bourguignon
125 g Räucherspeck
2 EL Öl zum Braten
800 g mageres Rinder-schmorfleisch
375 ml Burgunder Rotwein
2 Knoblauchzehen
1 große Karotte
2 Lorbeerblätter
Gewürzstrauß aus frischer Petersilie und Rosmarin
1 EL Tomatenmark
125 ml Rinderfond- oder brühe
Salz
frisch gemahlener Pfeffer
25 g weiche Butter
1 EL Mehl
2 EL gehackte Petersilie

Für die karamellisierten Schalotten und Champignons
200 g kleine Schalotten
200 g kleine braune Champignons
30 g Butter
1 TL Zucker

Den Räucherspeck in kleine Würfel schneiden. Das Öl im Bräter nicht zu stark erhitzen und den Speck darin anbraten. Den Speck aus dem Bräter nehmen, das Rindfleisch in Stücke schneiden und ebenfalls im Bräter kurz anbraten. Anschließend den Speck zurück zum Fleisch in den Bräter geben und mit dem Rotwein ablöschen.

Die Knoblauchzehen abziehen und fein hacken. Die Karotte schälen und klein schneiden. Knoblauch, Karotte, Lorbeerblätter, Gewürzstrauß, Tomatenmark und Rinderfond in den Bräter zum Fleisch geben und mit Salz und schwarzem Pfeffer würzen. Bei mittlerer Hitze zum Kochen bringen und anschließend zugedeckt ca. 2 Stunden köcheln lassen.

Für die karamellisierten Schalotten und Champignons nach ca. 1,5 Stunden Kochzeit die Schalotten abziehen und im Ganzen lassen. Die Champignons putzen und vierteln. Die Hälfte der Butter in einer Pfanne schmelzen, ½ TL Zucker dazugeben. Die Schalotten in der Pfanne 15 Minuten bei leichter Hitze goldbraun karamellisieren lassen und in den Bräter geben. Die restliche Butter wieder in der Pfanne schmelzen, ½ TL Zucker zugeben und ebenfalls karamellisieren lassen. Die Champignons zugeben, 5 Minuten darin braten und dann auch in den Bräter geben.

Zum Andicken der Sauce die weiche Butter und das Mehl in einer kleinen Schüssel mit einer Gabel zu einer geschmeidigen Masse vermengen.

Nach ca. zwei Stunden den Gewürzstrauß aus dem Bräter nehmen und die Mehl-Butter in kleinen Portionen schnell nacheinander zum Sud geben und verrühren. 15 Minuten leicht köchelnd eindicken lassen.

Mit Salz und Pfeffer abschmecken und mit Petersilie bestreut servieren.

Dazu passen Rosenkohl und Kartoffeln.

Tipp:
Das Gericht eignet sich für viele Gäste und lässt sich problemlos verdoppeln.

Geschmorte Wurzeln

in Estragon-Marinade auf Meerrettich-Creme

veggy!

Zubereitung 1 Stunde
Für 4 Personen

Zutaten
1 kg gemischte Wurzeln
(z. B. Rote und Gelbe Bete, Ringelbete, Karotten, Pastinaken)
Olivenöl
Salz
frisch gemahlener Pfeffer
300 g Crème fraîche
2 EL frisch geriebener Meerrettich
1 Schalotte
1 Knoblauchzehe
Saft einer Zitrone
1 TL Honig
1 EL gehackte Estragon-Blättchen
1 EL Schnittlauch und etwas zum Bestreuen

Tipps:
Zur Abwechslung statt Meerrettich zerbröselten Feta mit Crème fraîche mischen.

Den Backofen auf 200 °C Ober-/Unterhitze vorheizen.

Alle Wurzeln putzen, schälen, klein schneiden und in einer Auflaufform mit 4 EL Olivenöl, Salz und Pfeffer mischen. In der Mitte des Backofens ca. 40 Minuten weich garen.

In der Zwischenzeit die Crème fraîche mit dem Meerrettich sowie Salz und Pfeffer nach Geschmack verrühren.

Für die Marinade die Schalotte abziehen und fein hacken. Die Knoblauchzehe abziehen und pressen. Zitronensaft mit Honig, Schalotte, Knoblauch, Estragon, Schnittlauch und 2 EL Olivenöl mischen. Mit Salz und Pfeffer würzen. Die im Ofen die geschmorten Wurzeln mit der Marinade mischen.

Die Meerrettich-Creme auf Teller verteilen, die marinierten Wurzeln darauf verteilen und mit Schnittlauch bestreut servieren.

Knusprige Hähnchenschenkel

mit buntem Gemüse

Zubereitung ca. 30 Minuten
Schmorzeit ca. 1 Stunde
Für 4 Personen

Zutaten
4 Hähnchenschenkel
Olivenöl
Salz
2 EL Paprika edelsüß
3 Möhren
1 rote Paprika
1 Zucchini
12 Kirschtomaten
6 Schalotten
2 Knoblauchzehen
frisch gemahlener Pfeffer
1 TL getrockneter Oregano
150 ml Weißwein
150 ml Geflügelfond
200 ml Sahne
1 Lorbeerblatt
1 Spritzer Zitronensaft

Tipp:
Dieses Gericht ist auch eine gute Resteverwertung für übrig gebliebenes Gemüse. Egal ob Bohnen, Brokkoli, Blumenkohl, Lauch oder Ähnliches – alles passt und schmeckt dazu.

Den Backofen auf 200 °C Ober-/Unterhitze vorheizen.

Die Hähnchenschenkel waschen und trocknen. 1 EL Olivenöl mit ½ TL Salz und dem Paprikapulver mischen, die Hähnchenschenkel mit der Mischung einreiben und anschließend in einer Pfanne in 2 EL Olivenöl von allen Seiten kräftig anbraten.

Die Möhren schälen und in Scheiben schneiden. Die Paprika putzen, waschen und in kleine Würfel schneiden. Die Zucchini waschen, trocknen und in Scheiben schneiden oder klein würfen. Die Tomaten waschen und trocknen. Die Schalotten und den Knoblauch abziehen. Die Schalotten je nach Größe halbieren oder vierteln, den Knoblauch klein hacken. Das Gemüse in einer Schüssel mit 1 EL Olivenöl, Salz, Pfeffer und Oregano gut durchmischen. Anschließend in eine Auflaufform geben und die angebratenen Hähnchenschenkel darauflegen. Den Wein, den Geflügelfond und die Sahne zugießen. Das Lorbeerblatt hineinlegen. Den Bräter in die Mitte des Ofens schieben und für ca. 60 Minuten schmoren.

Die Sauce mit Zitronensaft, Salz und Pfeffer abschmecken.

Dazu passen Baguette, Kartoffeln oder Nudeln.

In Cider geschmortes Schweinefilet

mit Apfel, Sellerie und Pastinake

Zubereitung ca. 1 Stunde 10 Minuten
Für 4 Personen

Zutaten
150 g Knollensellerie
150 g Pastinaken
4 Schalotten
1 kg Bio-Schweinefilet
Butterschmalz
100 ml Apfelcider oder -saft
3 säuerliche Äpfel
150 ml Gemüsefond- oder brühe
250 ml Sahne
3–4 EL Barbecue-Sauce
Salz
frisch gemahlener Pfeffer
200 g würziger, geriebener Käse

Den Backofen auf 220 °C Ober-/Unterhitze vorheizen.

Den Knollensellerie und die Pastinaken putzen, waschen, schälen und in kleine Würfel schneiden. Die Schalotten abziehen und hacken.

Das Fleisch in ca. 1 cm dicke Scheiben schneiden und portionsweise rundherum in Butterschmalz kräftig anbraten. Die Schalotten, den Knollensellerie und die Pastinaken zugeben und kurz mitschmoren. Mit Apfelcider ablöschen und einkochen lassen.

Die Äpfel schälen, vierteln, entkernen und in Spalten scheiden. Das Fleisch mit den Apfelspalten in eine Auflaufform geben. Den Gemüsefond mit der Sahne und der Barbecue-Sauce verrühren, mit Salz und Pfeffer würzen und über das Fleisch und die Äpfel gießen. Den Käse darauf verteilen.

Die Auflaufform in die Mitte des Backofens schieben und ca. 40 Minuten schmoren.

Dazu passen Nudeln, Baguette oder frisch gebackenes Walnuss-Baguette (Rezept Seite 126).

Butterzartes Wildragout

in dunkler Biersauce mit Kürbispüree und Tagliatelle

Zubereitung 2 Stunden 15 Minuten, davon 2 Stunden Schmorzeit
Für 4 Personen

Für das Wildragout
2 Zwiebeln
1 Bund Suppengrün
2 EL Butterschmalz
1 kg Wildfleisch aus der Schulter, in Würfel geschnitten (alternativ Rindfleisch)
Salz
frisch gemahlener Pfeffer
500 ml dunkles Bier
200 ml Kalbs- oder Gemüsefond
6 schwarze Pfefferkörner
3 Wacholderbeeren
2 Lorbeerblätter
1 Zimtstange
30 g dunkle Schokolade oder dunkler Backkakao
400 g Tagliatelle

Für das Kürbispüree
1 kg Hokkaido-Kürbis
1 Knoblauchzehe
40 g Butter
Salz
frisch gemahlener Pfeffer
Muskatnuss

Die Zwiebeln abziehen und fein hacken. Das Suppengrün putzen, waschen und klein schneiden. Das Butterschmalz in einem Schmortopf erhitzen und die Fleischwürfel darin portionsweise rundherum scharf anbraten. Das Fleisch mit Salz und Pfeffer würzen.

Das Suppengemüse und die Zwiebeln dazugeben, ca. 5 Minuten mitschmoren und anschließend mit dem Bier und dem Fond ablöschen. Pfefferkörner, Wacholderbeeren, Lorbeerblätter und Zimtstange in ein Gewürzsäckchen geben. Das Ragout samt Gewürzsäckchen zum Kochen bringen und ca. 2 Stunden mit geschlossenem Deckel bei kleiner Hitze schmoren lassen.

Nach Ende der Garzeit das Gewürzsäckchen herausnehmen. Das Fleisch aus der Sauce nehmen und beiseitestellen. Die Sauce mit einem Pürierstab mixen, die Schokolade zur Sauce dazugeben, schmelzen lassen und gut verrühren. Das Fleisch wieder in die Sauce geben und nochmals mit Salz und Pfeffer abschmecken. Bis zum Servieren warmhalten.

Für das Püree den Kürbis waschen, trocknen und die Enden abschneiden. Den Kürbis halbieren, entkernen und samt Schale in ca. 3 cm große Würfel schneiden. Die Knoblauchzehe abziehen und fein hacken. Die Butter in einem Topf erhitzen, den Kürbis und den Knoblauch zugeben und kurz anschmoren. 150 ml Wasser zugeben und den Kürbis ca. 20 Minuten weichkochen. Dabei immer wieder umrühren. Den Kürbis stampfen oder mit einem Stabmixer fein pürieren, mit Salz und Pfeffer würzen und mit fein geriebener Muskatnuss abschmecken.

Die Tagliatelle nach Packungsanweisung in Salzwasser garen, abgießen und mit dem Wildragout und dem Kürbispüree servieren.

Tipp:
Dieses Ragout lässt sich genauso gut auch mit Rindfleisch schmoren.

Geschmortes Rahmkraut mit Winterkabeljau

und Knusperkartoffeln

Zubereitung ca. 40 Minuten
Für 4 Personen

Für das Sauerkraut
2 Schalotten
2 EL Butter
1 TL Honig
500 g Sauerkraut aus der Dose (Abtropfgewicht)
100 ml Apfelsaft (alternativ trockener Weißwein)
150 ml Sahne
1 Lorbeerblatt
2 Wacholderbeeren

Für die Knusperkartoffeln
400 g vorwiegend festkochende Kartoffeln
3 EL Olivenöl
Salz

Für den Fisch
4 Filets vom Winterkabeljau mit Haut (je ca. 180 g)
Salz
2–3 EL Mehl
3 Thymianzweige
2 EL Butterschmalz

Tipp:
Zur Abwechslung 2–3 TL Senf zum Rahm-Sauerkraut geben. Dann wird daraus eine feine Senfsauce. Zum Winterkabeljau passt auch Zitronensauce (Rezept Seite 120).

Die Schalotten abziehen, fein würfeln, in einem Topf mit der Butter glasig dünsten und den Honig zugeben. Das Sauerkraut auseinanderzupfen und kurz mitschmoren, dann mit dem Apfelsaft und der Sahne ablöschen. Das Lorbeerblatt und die angedrückten Wacholderbeeren zum Sauerkraut geben, salzen, pfeffern und zugedeckt ca. 20 Minuten bei mittlerer Hitze schmoren.

In der Zwischenzeit die Kartoffeln schälen, in kleine Würfel schneiden und in einer Pfanne mit Olivenöl rundherum knusprig goldbraun braten und salzen.

Die Filets vom Kabeljau abspülen, trockentupfen und salzen. Anschließend in Mehl wenden und überschüssiges Mehl abklopfen. Die Thymianzweige waschen und trockenschütteln. Das Butterschmalz in einer Pfanne erhitzen, den Thymian zugeben und die Filets zunächst auf der Hautseite ca. 4 Minuten braten, wenden und die Oberseiten ca. 1–2 Minuten braten.

Das Sauerkraut mit den Fischfilets und den Kartoffeln anrichten.

Kapitel 4

Suppen & Eintöpfe – *heiß geliebt, aromatisch und gesund*

Auch im Herbst brauchen wir ausreichend Flüssigkeit. Aber jetzt, da es am Tag nicht mehr so heiß wird wie im Sommer, vergessen wir oft zu trinken. Also kochen wir Suppen, meist à la Mama, nach überlieferten Rezepten, einfach und bewährt. Einfach soll es auch auf den folgenden Seiten bleiben, aber: Hallo „Suppkultur" – mit ein paar frischen Ideen kommt Abwechslung in die Suppenküche. Ich freue mich auf die gemütliche Zeit der großen dampfenden Töpfe – und auf Eintöpfe, in denen es unser heimisches Gemüse ziemlich bunt treibt.

Süßkartoffel-Eintopf
mit Kokosmilch und Spinat

veggy!

Zubereitung ca. 40 Minuten
Für 4 Personen

Zutaten
3 Möhren
1 Petersilienwurzel
100 g Sellerieknolle
1 Lauchstange
1 Zwiebel
20 g Kokosfett
800 ml Gemüsefond
300 ml Kokosmilch
3–4 EL Sojasauce
2 Süßkartoffeln (ca. 600 g)
100 g Spinat
2 EL rote Currypaste
100 g rote Linsen
2 EL gehackte Petersilie
1 TL gerösteter Sesam

Die Möhren und die Petersilienwurzel schälen und in Scheiben schneiden. Die Sellerieknolle waschen, putzen und würfeln. Die Lauchstange putzen, in Ringe schneiden, waschen und abtropfen lassen. Die Zwiebel abziehen und fein hacken.

Das Kokosfett in einem Topf erhitzen und die Zwiebel darin glasig dünsten. Das klein geschnittene Gemüse zugeben und ca. 5 Minuten schmoren. Den Fond, die Kokosmilch und die Sojasauce zugießen und ca. 5 Minuten köcheln lassen.

Die Süßkartoffeln schälen und in kleine Würfel schneiden, zum Gemüse geben und weitere 10 Minuten köcheln lassen.

Den Spinat gründlich waschen, abtropfen lassen, große Blätter klein schneiden und mit der Currypaste und den Linsen zum Gemüse geben. Nochmals 5 Minuten köcheln, mit Sojasauce abschmecken und mit Petersilie und Sesam bestreut servieren.

Gemüse-Eintopf

mit Rindfleisch, getrockneten Cranberrys und Zimt

Zubereitung ca. 40 Minuten
Garzeit 2,5 Stunden
Für 4 Personen

Zutaten
1 kg Hochrippe vom Rind
Salz
1 TL schwarze Pfefferkörner
3 Lorbeerblätter
1 Zwiebel
2 Knoblauchzehen
250 g Steckrübe
200 g Süßkartoffel
200 g Knollensellerie
100 g Pastinake
2 Möhren
200 g Hokkaido-Kürbis
2 EL Butter
1 Zimtstange
40 g getrocknete Cranberrys
100 g Suppennudeln
frisch gemahlener Pfeffer
1 Spritzer Zitronensaft
Dillspitzen zur Dekoration
2 EL gehackte Petersilie

Tipp:
Statt Cranberrys passen auch andere getrocknete Früchte wie Aprikosen oder Backpflaumen.

Das Fleisch in einen Topf geben und mit 3 l kaltem Wasser aufsetzen. 1 EL Salz, Pfefferkörner und Lorbeerblätter hineingeben, kurz aufkochen und dann bei leichter Hitze ca. 2 Stunden durchziehen lassen.

Die Zwiebel und die Knoblauchzehen abziehen und klein hacken. Die Steckrübe, die Süßkartoffel und den Knollensellerie putzen, schälen und in mundgerechte Würfel schneiden. Die Pastinake und die Möhren schälen und in Scheiben schneiden. Den Hokkaido-Kürbis waschen, entkernen und in Würfel schneiden.

Das Fleisch aus der Brühe nehmen und in mundgerechte Stücke schneiden, ggf. Fett entfernen. Die Rinderbrühe durch ein Sieb gießen und den Schaum abschöpfen. 2 l Brühe abmessen und den Rest abkühlen lassen und z. B. für andere Gelegenheiten einfrieren.

Die Butter in einem Topf erhitzen und die Zwiebel und den Knoblauch darin glasig dünsten. Das vorbereitete Gemüse zugeben und mitdünsten. 2 l Rinderbrühe zugießen, die Zimtstange und die Cranberrys zugeben und ca. 15–20 Minuten bei mittlerer Hitze kochen, bis das Gemüse weich ist.

In der Zwischenzeit die Suppennudeln in Salzwasser nach Packungsangabe garkochen.

Das Rindfleisch mit den Nudeln in den Eintopf geben und nochmals 5 Minuten erhitzen. Mit Salz, Pfeffer und Zitronensaft abschmecken.

Den Rindereintopf mit Dillspitzen und Petersilie bestreut servieren.

Scharfe Endivien-Rahmsuppe

mit gemischten Pilzen

veggy!

Zubereitung ca. 40 Minuten
Für 4 Personen

Für die Suppe
300 g mehligkochende Kartoffeln
2 Schalotten
½ Endiviensalat
Olivenöl
900 ml Gemüsefond
150 ml Sahne
Salz
1 Prise Cayennepfeffer
1 Spritzer Zitrone

Für die Pilze
200 g gemischte Pilze
2 Knoblauchzehen
3 EL Olivenöl
1 TL geröstetes Sesamöl
60 ml Sojasauce

Für die Suppe die Kartoffeln schälen, waschen und würfeln. Die Schalotten abziehen und klein würfeln. Den Endiviensalat waschen und trockenschleudern. Einige kleine Salatblätter zur Dekoration beiseitelegen, den Rest in Streifen schneiden. Die Schalotten in 1 EL Olivenöl andünsten, die Kartoffeln und den Endiviensalat dazugeben. Mit dem Gemüsefond und der Sahne ablöschen und ca. 15–20 Minuten kochen lassen, bis die Kartoffeln gar sind. Anschließend nur kurz mit einem Stabmixer fein pürieren und mit Salz, Cayennepfeffer und Zitrone abschmecken.

Die Pilze putzen und je nach Größe klein schneiden. Den Knoblauch abziehen und fein hacken. Das Olivenöl in einer Pfanne erhitzen und die Pilze darin ca. 2 Minuten braten. Den Knoblauch und das Sesamöl zugeben und mitschmoren. Die Sojasauce zugießen und weitere 2 Minuten einkochen lassen.

Die Suppe mit Endivienblättern und Pilzen anrichten.

Tipp:
Statt der Pilze passt auch ausgelassener Speck. Dazu passt als Topping Petersilien-Pesto (Rezept Seite 80).

Graupensuppe
mit Kalbs-Hackbällchen

Zubereitung ca. 1 Stunde
Für 4 Personen

Für die Kalbshackbällchen
25 g Semmelbrösel
1 Knoblauchzehe
1 Schalotte
250 g Kalbshack
2 TL Sojasauce
Salz
frisch gemahlener Pfeffer
2 EL Olivenöl

Für die Suppe
2 Karotten
2 Stangensellerie
190 g Kirschtomaten
150 g Baby-Leaf-Mangold
1 rote Chilischote
2 Zwiebeln
1 TL frisch geriebener Ingwer
Olivenöl
½ TL Kurkumapulver
1 l Kalbs- (alternativ Rinder-) oder Gemüsefond
100 g Perlgraupen
2 EL gehackte Petersilie

Tipps:
Rinderhack ist eine preiswertere Alternative.

Für die Hackbällchen die Semmelbrösel in einer Schüssel mit 50 ml Wasser mischen. Die Knoblauchzehe und die Schalotte abziehen, sehr fein würfeln, mit dem Kalbshack in die Schüssel geben und verkneten. Die Sojasauce untermischen, mit Salz und Pfeffer würzen. Die Masse zu kleinen Hackbällchen formen, abdecken und in den Kühlschrank stellen.

Für die Suppe die Karotten schälen und in Scheiben schneiden, die Selleriestangen putzen, waschen und klein schneiden. Die Tomaten waschen und trocknen. Den Mangold waschen, abtropfen lassen und grob schneiden. Die Chilischote putzen, entkernen, waschen und in kleine Würfel schneiden.

Die Zwiebeln abziehen, klein würfeln, mit Ingwer und Chili in 2 EL Olivenöl andünsten. Die Tomaten dazugeben und so lange schmoren, bis sie platzen. Das restliche Gemüse und das Kurkumapulver zugeben und ca. 5 Minuten schmoren. Mit dem Kalbsfond aufgießen, kurz aufkochen und gut 5 Minuten köcheln lassen.

Die Perlgraupen nach Packungsanweisung in Salzwasser garen, durch ein Sieb schlagen und abspülen.

2 EL Olivenöl in einer Pfanne erhitzen, die Hackbällchen von allen Seiten ca. 10 Minuten braten, samt Bratensatz und Mangold zur Suppe geben und weitere 5 Minuten erhitzen.

Die Suppe mit Salz und Pfeffer abschmecken, die Perlgraupen dazugeben und mit Petersilie garniert servieren.

Brokkoli-Creme-Suppe

mit Knusper-Buchweizen-Topping

veggy!

Zubereitung ca. 25 Minuten
Für 4 Personen

Zutaten
800 g Brokkoli
2–3 Knoblauchzehen
1 Zwiebel
2 EL Butter
900 ml Gemüsefond
100 ml Sahne
Salz
frisch gemahlener Pfeffer
1 Prise Muskat
4 EL Buchweizen-Körner
1 EL zerstoßene Haselnüsse

Die Stiele vom Brokkoli entfernen und die Köpfe in Röschen teilen. Gründlich waschen und abtropfen lassen. Das holzige Ende vom Stiel abschneiden, den Stiel schälen und klein schneiden.

Die Knoblauchzehen und die Zwiebel abziehen und fein hacken. Die Butter in einem Topf erhitzen, den Knoblauch und die Zwiebel darin glasig dünsten und den Brokkoli kurz mitschmoren. Anschließend den Fond zugießen und ca. 15 Minuten köcheln lassen. Die Sahne unterrühren und nochmals kurz aufkochen. Danach mit einem Stabmixer fein pürieren und mit Salz, Pfeffer und Muskat abschmecken.

Buchweizen-Körner und Haselnüsse in einer Pfanne ohne Fett kurz rösten und die Suppe damit toppen.

Dazu passt z. B. frisch gebackenes Walnuss-Baguette (Rezept Seite 126).

Tipp:
Die Brokkoli-Creme-Suppe zur Abwechslung mit ca. 100 g zerbröseltem Feta und klein gehackter frischer Minze bestreuen.

Gebackener Wirsing

in Parmesanbrühe mit würzigem Petersilien-Pesto

veggy!

Zubereitung ca. 50 Minuten
Für 4 Personen

Für das Petersilien-Pesto
2 Bund glatte Petersilie
1 Knoblauchzehe
20 g geriebener Parmesan
20 g gehackte Walnüsse
60 ml Olivenöl
1 Spritzer Zitronensaft
Salz
frisch gemahlener Pfeffer

Für die Parmesanbrühe
4 Knoblauchzehen
2 Schalotten
1 Lauchstange
1 Tomate
Olivenöl
100 g Parmesan mit Rinde + etwas geriebener Parmesan zum Servieren
3 Zweige Thymian
2 Zweige Oregano
½ TL geräuchertes Paprikapulver
500 ml Gemüse- oder Geflügelfond
Salz
frisch gemahlener Pfeffer
500 g Wirsing

Den Backofen auf 220 °C Ober-/Unterhitze vorheizen.

Für das Pesto die Petersilie waschen, trocknen und die Blätter von den Stängeln zupfen. Die Knoblauchzehe abziehen und klein hacken oder pressen. Alles zusammen mit dem Parmesan und den Walnüssen in einem Mixbehälter mit dem Pürierstab gut durchmixen und zerkleinern. Währenddessen das Olivenöl in einem dünnen Strahl einlaufen lassen. Mit einem Spritzer Zitronensaft, Salz und Pfeffer abschmecken.

Für die Parmesanbrühe die Knoblauchzehen und die Schalotten abziehen und halbieren. Die Lauchstange putzen, waschen und in große Stücke schneiden. Die Tomate waschen, trocknen und klein schneiden. 2 EL Olivenöl in einem Topf erhitzen, die Schalotten, den Knoblauch und den Lauch hineingeben und ca. 5 Minuten dünsten. Parmesan mit Rinde, Tomate, Thymian, Oregano und Paprikapulver zugeben. Mit dem Gemüsefond ablöschen und ca. 30 Minuten bei mittlerer Hitze köcheln lassen. Mit Salz und Pfeffer abschmecken.

Die Blätter vom Wirsing abzupfen, waschen und trocknen. Dicke Blattrippen herausschneiden und die Kohlblätter in Streifen schneiden. Die Streifen mit 3 EL Olivenöl und Salz mischen und verkneten. Den Wirsing auf einem mit Backpapier ausgelegten Backblech ca. 20 Minuten backen.

Die Parmesanbrühe durch ein Sieb abgießen, nochmals mit Salz und Pfeffer abschmecken und warmhalten.

Den gerösteten Wirsingkohl auf Teller verteilen, die Parmesanbrühe darübergießen und mit Petersilien-Pesto und geriebenem Parmesan servieren.

Dazu passt frisch gebackenes Walnuss-Baguette (Rezept Seite 126).

Wurzelsuppe mit Pulled-Lachs,
gerösteten Kichererbsen und rosa Pfefferbeeren

Zubereitung ca. 40 Minuten
Für 4 Personen

Zutaten
3 Schalotten
2 EL Butter
300 g Möhren
100 g Pastinaken
100 g Petersilienwurzel
1,2 l Gemüsefond oder -brühe
½ TL Kurkumapulver
Salz
frisch gemahlener Pfeffer
250 g Lachsfilet
2 EL Butterschmalz
260 g Kichererbsen (Abtropfgewicht)
1 EL Olivenöl
1 Blutorange
200 ml Sahne
1 EL gehackte Petersilie
1 TL getrocknete rosa Pfefferbeeren

Die Schalotten abziehen und klein würfeln. Die Butter in einem Topf erhitzen und die Schalotten darin glasig dünsten. Die Möhren, die Pastinaken und die Petersilienwurzel waschen, schälen, klein schneiden und 4–5 Minuten mitdünsten. Anschließend den Gemüsefond aufgießen, das Kurkumapulver zugeben, salzen, pfeffern, den Topf schließen und ca. 20 Minuten köcheln lassen.

Das Lachsfilet unter kaltem Wasser abspülen, trockentupfen und mit Salz würzen. Das Butterschmalz in einer Pfanne erhitzen und den Fisch von beiden Seiten jeweils ca. 3–4 Minuten braten.

Die Kichererbsen abgießen, abspülen und abtropfen lassen. Das Olivenöl in einer Pfanne erhitzen und die Kichererbsen darin braten. Mit Salz und Pfeffer abschmecken.

Die Suppe mit dem Stabmixer pürieren. Die Blutorange auspressen und den Saft zur Suppe gießen. Die Sahne steif schlagen, die Hälfte zur Suppe geben, mit dem Stabmixer in der Suppe aufschäumen und auf die Teller verteilen.

Den Lachs auseinanderreißen und mit den Kichererbsen auf der Wurzelsuppe anrichten. Die restliche Sahne darauf verteilen und mit Petersilie und zerstoßenen rosa Pfefferbeeren bestreut servieren.

Kapitel 5

Herbstsalate – *knackig frisch und cool kombinert*

Jetzt Salat? Aber sicher! Zwischen Eintöpfen, Suppen und Schmorgerichten sorgen knackige Salate für frische Abwechslung. Und wenn in der kalten Jahreszeit der gewünschte Blattsalat aus heimischem Anbau gerade nicht verfügbar ist, wird aus Rotkohl mit einer fruchtigen Vinaigrette im Handumdrehen ein leckerer Rohkostsalat. Sogar mit Grünkohl funktioniert das wunderbar. Toppings sorgen für das gewisse Etwas, milde oder herzhafte Käsesorten spenden Aroma, Nüsse liefern wertvolle gesunde Fette und Vitamine. Und soll aus meinem Salat ein vollwertiges gesundes Mittag- oder Abendessen werden, gebe ich einfach Kartoffeln oder Couscous als Sattmacher dazu.

Gerösteter Blumenkohl

mit Paprika-Erdnuss-Sauce und knusprigen Kichererbsen

veggy!

Zubereitung ca. 1 Stunde
Für 4 Portionen

Zutaten
4 Spitzpaprika
3–4 Knoblauchzehen
1 Bund Frühlingszwiebeln
1 daumengroßes Stück Ingwer
Olivenöl
Salz
1 Blumenkohl
200 g Stangenbrokkoli
250 g Kichererbsen (Abtropfgewicht)
2 rote Zwiebeln
3–4 EL Erdnusscreme
2 EL Sojasauce
1 TL Ahornsirup
1 TL Chiliflocken
½ Salatgurke

Den Backofen auf 200 °C Ober-/Unterhitze vorheizen.

Die Spitzpaprika putzen, waschen und in Stücke schneiden. Die Knoblauchzehen abziehen und ganz lassen. Die Frühlingszwiebeln putzen, waschen und klein schneiden. Den Ingwer schälen und klein schneiden. Alles mit 2 EL Olivenöl mischen, salzen und in einer Auflaufform ca. 15–20 Minuten im Ofen backen.

In der Zwischenzeit den Blumenkohl putzen, in Röschen teilen, waschen und abtropfen lassen. Den Brokkoli waschen und abtropfen lassen, dabei ganz lassen. Die Kichererbsen abgießen, abspülen und abtropfen lassen. Die Zwiebeln abziehen, halbieren und in Streifen schneiden. Alles zusammen mit 3–4 EL Olivenöl mischen, salzen und auf einem mit Backpapier ausgelegten Backblech verteilen.

Die Paprika-Mischung aus dem Ofen nehmen und das Backblech mit den Blumenkohlröschen und dem Brokkoli hineinschieben. Bei gleicher Temperatur ca. 20–25 Minuten backen.

In der Zwischenzeit für die Paprika-Erdnuss-Sauce die Paprika-Mischung in ein hohes Gefäß geben und mit der Erdnusscreme, der Sojasauce und dem Ahornsirup zu einer cremigen Sauce pürieren. Mit Salz und Chiliflocken abschmecken. Die Sauce in eine Schale geben.

Das Gemüse mit den Kichererbsen aus dem Ofen nehmen und auf der Sauce verteilen.

Die Gurke schälen, halbieren, die Kerne herauslösen, die Gurke in Scheiben schneiden und auf dem Salat verteilen.

Birnen-Carpaccio

mit Schinken, Feigen-Dressing und gehobeltem Pecorino

Zubereitung ca. 30 Minuten
Für 4 Personen

Für das Birnen-Carpaccio
160 g Rucola
3–4 feste Birnen
3 EL Zitronensaft
160 g luftgetrockneter Schinken
100 g Pecorino (alternativ Parmesan)
2 EL gehackte Walnüsse
Fleur de Sel

Für das Feigen-Dressing
1–2 reife Feigen
4 EL heller Balsamico
2 TL Honig
1 TL Dijon-Senf
8 EL Olivenöl
Salz
frisch gemahlener Pfeffer

Tipp:
Wer es einfacher und schneller mag, träufelt statt des Feigen-Dressings flüssigen Honig über die Birnen.

Den Rucola waschen, trockenschleudern und auf mehrere Teller oder eine Platte legen.

Die Birnen waschen, halbieren, entkernen und mit einem Gemüsehobel in dünne Scheiben schneiden. Die Birnenscheiben in Zitronensaft wenden und auf dem Rucola verteilen.

Für das Feigen-Dressing die Feige(n) halbieren und das Fruchtfleisch herauslösen, mit Balsamico, Honig, Senf und Olivenöl zu einer cremigen Sauce verrühren, mit Salz und Pfeffer würzen und über das Birnen-Carpaccio geben.

Den Schinken in Stücke reißen und mit dem fein gehobelten Pecorino auf dem Carpaccio verteilen.

Mit gehackten Walnüssen und einer Prise Fleur de Sel servieren.

Blutorangen-Caprese

mit Fenchel, Burrata und Apfel-Ahorn-Dressing

veggy!

Zubereitung ca. 20 Minuten
Für 4 Personen

Für die Caprese
4–5 Blutorangen
1 Fenchelknolle
2 Kugeln Burrata
(je 100 g Abtropfgewicht)
1 Stängel Dill
2 TL gehackte Pistazien

Für das Apfel-Ahorn-Dressing
1 kleiner säuerlicher Apfel
1 Knoblauchzehe
3 EL Apfelbalsamessig
1 EL Ahornsirup
3 EL Olivenöl
1 TL mittelscharfer Senf
Salz
frisch gemahlener Pfeffer

Tipp:
Anstelle des Apfel-Ahorn-Dressings passt hier auch mein weniger aufwändiges Honig-Senf-Dressing (Rezept Seite 106).

Die Blutorangen schälen, die weiße Haut gründlich entfernen und das Fruchtfleisch in Scheiben schneiden. Die Fenchelknolle waschen, putzen, das Fenchelgrün abzupfen und beiseitelegen. Die Fenchelknolle in sehr feine Scheiben hobeln. Die Orangenscheiben mit dem Fenchel auf einer Platte anrichten.

Die Burrata-Kugeln abtropfen lassen und im Ganzen oder in kleine Stücke gerissen auf die Platte legen.

Für das Dressing den Apfel schälen und fein reiben. Die Knoblauchzehe abziehen und pressen. Zusammen mit dem Apfelbalsamessig, dem Ahornsirup, dem Olivenöl und dem Senf mit einem Stabmixer zu einem cremigen Dressing pürieren. Mit Salz und Pfeffer abschmecken.

Den Dill waschen, trocknen und die Spitzen abzupfen. Das Dressing über die Orangen, den Fenchel und die Burrata träufeln und mit Pistazienkernen, Dillspitzen und frisch gemahlenem Pfeffer servieren.

Dazu passt frisch gebackenes Walnuss-Baguette (Rezept Seite 126).

Warmer Ofen-Kartoffelsalat *mit grünen Bohnen, Erbsen und Radieschen*

veggy!

Zubereitung ca. 40 Minuten
Für 4 Personen

Für den Salat
650 g Kartoffel-Drillinge
1 Zweig Rosmarin
4 EL Olivenöl
1 TL grobes Meersalz
400 g grüne Bohnen
180 g TK-Erbsen
1 Bund Radieschen
4 getrocknete Tomaten

Für das Schnittlauch-Dressing
1 Knoblauchzehe
1 Schalotte
25 ml milder Weißweinessig
25 ml Gemüsebrühe
1 TL Sesampaste
½ TL Salz
1–2 TL Honig oder Ahornsirup
2 TL mittelscharfer Senf
100 ml Olivenöl
2 EL Schnittlauch-Röllchen
frisch gemahlener Pfeffer

Tipp:
In der Spargelsaison kann man statt grüner Bohnen gebratenen grünen Spargel verwenden.

Den Backofen auf 200 °C Ober-/Unterhitze vorheizen.

Die Kartoffeln waschen, trocknen und längs halbieren. Den Rosmarin waschen, trocknen, die Nadeln abzupfen und fein hacken. Die Kartoffeln mit dem Rosmarin, dem Olivenöl und dem Meersalz mischen, auf ein mit Backpapier ausgelegtes Backblech legen und ca. 30 Minuten goldbraun backen.

Die Bohnen waschen, putzen und in kochendem Salzwasser ca. 10 Minuten bissfest garen. Die Erbsen nach 5 Minuten dazugeben und mitkochen.

Die Radieschen putzen, waschen und in feine Scheiben hobeln. Die getrockneten Tomaten klein schneiden.

Für das Dressing die Knoblauchzehe und die Schalotte abziehen und hacken. Mit Weißweinessig, Gemüsebrühe, Sesampaste, Salz, Honig und Senf in ein hohes Gefäß geben und mit einem Stabmixer pürieren. Dabei nach und nach das Olivenöl dazugeben. Den Schnittlauch untermischen und mit Pfeffer abschmecken.

Die Kartoffeln mit den Bohnen, den Erbsen, den Radieschen und den getrockneten Tomaten in eine große Schüssel geben, mit dem Dressing mischen und warm servieren.

Grünkohl-Brotsalat

mit Möhren, Kürbis, Apfel und Kartoffel-Dressing

veggy!

Zubereitung ca. 40 Minuten
Für 4 Personen

Für den Salat
200 g Hokkaido-Kürbis
4 Möhren
2 Knoblauchzehen
Olivenöl
1 TL Ahornsirup
Salz
1 Apfel
100 g helles Brot
300 g Grünkohl
3 EL gehackte Haselnüsse

Für das Dressing
½ gegarte, kalte Kartoffel (ca. 50 g)
2 EL Weißweinessig
1 EL heller Balsamico
1 TL Dijon-Senf
½ TL Zucker
50 ml Gemüsebrühe
5 EL Sonnenblumenöl
Salz
frisch gemahlener Pfeffer
1 Schalotte
1 EL Schnittlauchröllchen

Den Backofen auf 190 °C Ober-/Unterhitze vorheizen.

Den Hokkaido-Kürbis waschen, trocknen, entkernen und würfeln. Die Möhren schälen und in Scheiben schneiden. Die Knoblauchzehen abziehen und im Ganzen flach drücken. Den Kürbis, die Möhren und eine Knoblauchzehe mit 3 EL Olivenöl und dem Ahornsirup mischen, salzen, auf ein mit Backpapier ausgelegtes Backblech legen und ca. 30 Minuten backen. Den Apfel waschen, vierteln, entkernen und in Spalten schneiden. Nach 20 Minuten in den Ofen zum Gemüse geben.

Das Brot in Stücke in mundgerechte Stücke schneiden. 2 EL Olivenöl in einer Pfanne erhitzen, die restliche angedrückte Knoblauchzehe und die Brotwürfel hineingeben. Rundherum knusprig braun braten und beiseitestellen.Den Grünkohl verlesen, gründlich waschen, dicke Blattrippen herausschneiden, die Blätter in mundgerechte Stücke zupfen und in einer Schüssel mit Salz und 1 EL Olivenöl verkneten.

Für das Dressing die Kartoffel mit einer Gabel zerdrücken und mit Weißweinessig, Balsamico, Senf, Zucker, Gemüsebrühe und Sonnenblumenöl mit einem Schneebesen verrühren. Mit Salz und Pfeffer würzen. Sollte die Kartoffel zu stückig sein, das Dressing durch ein kleines Sieb streichen oder ganz kurz mit einem Pürierstab mixen.

Die Schalotte abziehen, fein hacken und mit dem Schnittlauch unter das Dressing mischen. Sollte das Dressing zu fest sein, etwas Wasser unterrühren, bis es die gewünschte Konsistenz hat. Den Grünkohl mit der Hälfte des Dressings in einer Salatschüssel vermischen. Das geröstete Gemüse und die Brotwürfel darauf verteilen.

Das restliche Dressing darauf verteilen und mit gehackten Haselnüssen bestreut servieren.

Tipp:
Statt Grünkohl kann man für den Salat auch Schwarzkohl verwenden.

Chicorée-Clementinen-Salat

mit Blauschimmelkäse

veggy!

Zubereitung ca. 20 Minuten
Für 4 Personen

Für den Salat
4–5 Chicorée
4 Clementinen
100 g Mandeln
125 g Blauschimmelkäse

Für das Zitrus-Dressing
½ Zitrone
1 Clementine
1 TL Senf
1 TL Sesampaste
1 TL Sojasauce
6 EL Olivenöl
Salz
frisch gemahlener Pfeffer

Den Chicorée waschen, trocknen und die Blätter ablösen. Die Schale der Clementinen entfernen und die Filets voneinander trennen. Die Mandeln grob hacken.

Für das Dressing die Zitrone und die Clementine auspressen. Den Saft mit dem Senf, der Sesampaste, der Sojasauce und dem Olivenöl zu einem cremigen Dressing mischen. Mit Salz und Pfeffer abschmecken.

Das Dressing mit dem Chicorée und den Clementinen-Filets mischen und in eine Schale geben. Den Blauschimmelkäse in kleine Stücke zupfen und darüber verteilen. Mit gehackten Mandeln bestreuen und mit Pfeffer würzen.

Dazu passt frisch gebackenes Walnuss-Baguette (Rezept Seite 126).

Tipp:
Statt der Mandeln als Crunch-Topping passen auch meine gebrannten Nüsse (Rezept Seite 137).

Rosenkohlsalat

mit Couscous, Schafskäse und Orangen-Buttermilch-Dressing

veggy!

Zubereitung ca. 30 Minuten
Für 4 Personen

Für den Salat
600 g geputzter Rosenkohl
Olivenöl
2 TL Ahornsirup
Salz
frisch gemahlener Pfeffer
1 TL getrockneter Thymian
150 g Couscous
300 ml Gemüsefond oder -brühe
2 rote Zwiebeln
1 Bund Petersilie
2 Orangen
4 EL Granatapfelkerne
200 g Schafskäse

Für das Orangen-Buttermilch-Dressing
60 ml Olivenöl
Saft einer halben Orange
2 TL milder Weißweinessig
1 TL Ahornsirup
1 TL Senf
2 EL Buttermilch
Salz
frisch gemahlener Pfeffer

Den Backofen auf 190 °C Ober-/Unterhitze vorheizen.

Den Rosenkohl waschen, abtropfen lassen und mit 2 EL Olivenöl und dem Ahornsirup mischen. Mit Salz, Pfeffer und Thymian würzen und auf einem mit Backpapier ausgelegten Backblech ca. 25 Minuten im Ofen backen, bis er sich goldbraun färbt. Der Rosenkohl sollte noch etwas Biss haben.

In der Zwischenzeit den Couscous in eine Schale geben. Den Gemüsefond aufkochen und heiß über den Couscous gießen. 1 TL Olivenöl dazugeben, umrühren, quellen lassen und dabei immer wieder mit einer Gabel auflockern.

Die Zwiebeln abziehen, in Ringe schneiden und in einer Pfanne in 1 EL Olivenöl weich dünsten.

Die Petersilie waschen, trocknen und fein hacken. Die Orangen schälen, mit einem scharfen Messer die weiße Haut gründlich entfernen und die Orange in Scheiben oder Stücke schneiden.

Für das Dressing alle Zutaten zu einem cremigen Dressing verrühren.

Den Couscous mit der Hälfte des Dressings und der Petersilie vermengen, nochmals mit Salz und Pfeffer abschmecken und in eine große Schale geben. Den fertigen Rosenkohl und die Zwiebeln darauf verteilen. Mit Orangenscheiben belegen, die Granatapfelkerne auf dem Rosenkohlsalat verteilen und das restliche Dressing darübergießen. Zum Servieren den Schafskäse zerbröseln und auf dem Salat verteilen.

Marinierter Rotkohlsalat

mit gestiftelter Karotte, Schafskäse und Brombeer-Vinaigrette

veggy!

Zubereitung ca. 35 Minuten
Für 4 Portionen

Für den Salat
600 g Rotkohl
2 EL Brombeer-Balsamico-Essig (siehe Tipp)
½ TL Salz
2 Möhren
1 rote Zwiebel
2 getrocknete Feigen
200 g Schafskäse
3 EL gehackte, karamellisierte Pekannüsse (Rezept Seite 137), alternativ ungeröstet
Kresse zur Dekoration

Für die Brombeer-Vinaigrette
4 EL Brombeer-Balsamico-Essig (siehe Tipp)
2 TL Brombeermarmelade
8–10 reife Brombeeren
4 EL Sonnenblumenöl
1 TL mittelscharfer Senf
Salz
frisch gemahlener Pfeffer

Den Rotkohl waschen, vierteln und den Strunk entfernen. Den Rotkohl fein hobeln und in einer Schüssel mit dem Brombeer-Balsamico-Essig und dem Salz mischen und kräftig verkneten. Anschließend ca. 20 Minuten durchziehen lassen.

Die Möhren waschen, schälen und in feine Stifte schneiden. Die Zwiebel abziehen und klein hacken. Die Feigen in kleine Stücke schneiden.

Für die Vinaigrette den Brombeer-Balsamico-Essig mit der Brombeermarmelade und den Brombeeren pürieren. Anschließend durch ein feines Sieb streichen, um die Kerne zu entfernen. Mit Sonnenblumenöl und Senf cremig rühren. Mit Salz und Pfeffer abschmecken.

Den marinierten Rotkohl mit den Möhren, den Zwiebeln, den Feigen und dem Dressing mischen. Den Schafskäse zerbröseln und mit den Pekannüssen über den Rotkohlsalat geben. Zum Servieren mit Kresse dekorieren.

Tipp:
Statt Brombeer-Balsamico-Essig kann auch jeder andere fruchtige Essig verwendet werden.

Endiviensalat

mit gebackenen Süßkartoffeln, Halloumi und Honig-Senf-Dressing

veggy!

Zubereitung ca. 40 Minuten
Für 4 Personen

Für den Salat
2 Süßkartoffeln
230 g Kichererbsen (Abtropfgewicht)
Olivenöl
1 TL Chiliflocken
2 TL geräuchertes Paprikapulver
1 TL Kreuzkümmel
1 Prise Piment
Salz
frisch gemahlener Pfeffer
300 g Halloumi
1 mittelgroßer Kopf Endiviensalat
1 Salatgurke
Dillspitzen zur Dekoration

Für das Honig-Senf-Dressing
1 Knoblauchzehe
2 EL Zitronensaft
50 ml Olivenöl
2 EL Sesampaste
1–2 EL Honig
2 EL scharfer Senf
1 EL Weißweinessig

Tipp:
Statt Halloumi passt auch gebratenes Hühnchen sehr gut zum Salat.

Den Backofen auf 200 °C Ober-/Unterhitze vorheizen.

Die Süßkartoffeln schälen und in ca. 1 cm dicke Scheiben schneiden. Die Kichererbsen abgießen, abspülen und abtropfen lassen. Süßkartoffeln und Kichererbsen mit 3 EL Olivenöl, Chiliflocken, Paprikapulver, Kreuzkümmel, Piment, Salz und Pfeffer mischen und auf einem mit Backpapier ausgelegten Backblech in der Mitte des Backofens ca. 30 Minuten backen. Zwischendurch mit einem Holzkochlöffel mehrmals wenden.

Den Halloumi in Scheiben schneiden und in einer Pfanne in 1 EL Olivenöl knusprig braten.

Für das Honig-Senf-Dressing die Knoblauchzehe abziehen, pressen und mit Zitronensaft, Olivenöl, Sesampaste, Honig, Senf und Weißweinessig zu einem cremigen Dressing verrühren.

Den Endiviensalat waschen, klein zupfen und trockenschleudern. Die Gurke schälen, halbieren, die Kerne mit einem Löffel herauskratzen und klein schneiden. Den Dill waschen, trocknen und die Spitzen abzupfen.

Die Süßkartoffeln und die Kichererbsen aus dem Ofen nehmen, zum Salat geben und mit dem Dressing mischen. Den Halloumi auf dem Salat anrichten und mit Dillspitzen bestreut servieren.

Kapitel 6

Aus dem Ofen – *warm, wohlig, wunderbar*

Jetzt ist die Sehnsucht nach Mahlzeiten, die wärmen und guttun, besonders groß. Hier kommen meine Rezepte, die nur der Ofen kann. Denn dampfende Aufläufe und duftende Tartes, goldgelbe Gratins und knusprig Überbackenes sind seit jeher die heiß geliebten Hauptdarsteller der herbstlichen Wohlfühlküche. Und praktisch sind sie obendrein: Ofengerichte sind die besten Gerichte, wenn man Gäste hat. Sie lassen sich wunderbar vorbereiten, gelingen dann fast von allein, während die Küche gemütliche Herdwärme verströmt und herrlich duftet.

Butternut-Kürbis

aus dem Ofen mit Studentenfutter und Ziegenkäsecreme

veggy!

Zubereitung 1 Stunde
Für 4 Personen

Zutaten
1 Butternut-Kürbis (ca. 1,2 kg)
Olivenöl
Salz
frisch gemahlener Pfeffer
50 g Butter
2 EL Honig
1 Knoblauchzehe
2 Zweige Thymian
geräuchertes Paprikapulver
1 TL heller Balsamico
100 g Studentenfutter
100 g Ziegenfrischkäse
4 EL Natur-Joghurt

Den Backofen auf 200 °C Ober-/Unterhitze vorheizen.

Den Kürbis mit einem Sparschäler schälen, längs halbieren und mit einem Löffel entkernen. Die Kürbishälften mit den Schnittflächen nach unten auf ein Schneidebrett legen und quer über die gesamte Länge senkrecht einschneiden. Dabei das Fruchtfleisch nicht ganz durchschneiden (siehe Tipps).

Die Kürbishälften mit den Einschnitten nach oben auf ein mit Backpapier ausgelegtes Backblech legen, mit 1 EL Olivenöl beträufeln und mit Salz und Pfeffer würzen.

Die Butter mit 1 EL Honig in einem kleinen Topf schmelzen. Die Knoblauchzehe abziehen und zur Butter pressen. Den Thymian waschen, trocknen, die Blättchen abzupfen und mit Paprikapulver nach Geschmack und dem Balsamico unter die Butter mischen. Die Kürbishälften vorsichtig mit der Hälfte der Butter-Mischung einpinseln und ca. 30 Minuten in der Mitte des Backofens backen.

Das Studentenfutter unter die restliche flüssige Butter mischen und nach 30 Minuten über die Kürbishälften geben, dann weitere 15–20 Minuten backen.

Den Ziegenkäse mit dem Joghurt, 1 EL Honig und 1 EL Olivenöl mischen, mit Salz und Pfeffer abschmecken und zum heißen Butternut servieren.

Tipps:
Damit die Kürbishälften nach dem Einschneiden fächerförmig zusammenhalten, links und rechts davon je einen Kochlöffel legen und das Fruchtfleisch mit einem scharfen Messer nur bis zum Berühren der Kochlöffel einschneiden. Statt Studentenfutter passen auch gebrannte Mandeln (Rezept Seite 137). Zur Abwechslung einfach Schafskäse über dem heißen Butternut-Kürbis zerbröseln.

Chicorée-Auflauf mit Rinderhack,

Hokkaidokürbis und würziger Käsekruste

Zubereitung
ca. 1 Stunde 10 Minuten
Für 4 Personen

Zutaten
2 EL Butter
20 g Mehl
400 ml Milch
100 ml Sahne
Salz
frisch geriebene Muskatnuss
500 g Hokkaido-Kürbis
2 Zwiebeln
2 Knoblauchzehen
1 Bund Petersilie
Olivenöl
600 g Rinderhack
100 ml Gemüsefond oder -brühe
1 Prise Cayennepfeffer
4 Chicorée
125 g geriebener, würziger Käse
2 EL Schnittlauchröllchen

Für die Béchamelsauce die Butter in einem Topf schmelzen, das Mehl zugeben und ca. 2 Minuten dünsten, bis sich die Masse hellbraun färbt. Unter Rühren die Milch und die Sahne zugeben und bei mittlerer Hitze ca. 20 Minuten köcheln. Dabei immer wieder mit einem Schneebesen umrühren, damit die Sauce nicht am Topfboden ansetzt. Mit Salz und Muskatnuss würzen.

Den Hokkaidokürbis waschen, halbieren, die Enden abschneiden, die Kerne entfernen und den Kürbis samt Schale in mundgerechte Würfel schneiden. Die Zwiebeln und die Knoblauchzehen abziehen und klein hacken. Die Petersilie waschen, trockenschütteln und hacken.

Den Backofen auf 200 °C Ober-/Unterhitze vorheizen.

2 EL Olivenöl in einer Pfanne erhitzen, die Zwiebeln und den Knoblauch darin andünsten. Das Rinderhack zugeben und krümelig braten. Die Kürbiswürfel und den Gemüsefond zugeben und ca. 15 Minuten mitschmoren. Mit Salz und Cayennepfeffer würzen. Drei Viertel der Petersilie untermischen. Die Hack-Kürbis-Mischung in einer Auflaufform verteilen.

Die Chicorée putzen, waschen, trocknen und längs halbieren. 3 EL Olivenöl in einer Pfanne erhitzen und die Chicorée-Hälften mit der Schnittseite nach unten scharf anbraten und anschließend mit der Schnittseite nach oben auf der Hack-Kürbis-Mischung platzieren.

Die Béchamelsauce darübergeben und mit dem Käse bestreuen. Die Auflaufform in die Mitte des Backofens schieben und ca. 35–40 Minuten backen.

Den Auflauf mit der restlichen Petersilie und den Schnittlauchröllchen servieren.

Flammkuchen

mit Birne, Ziegenkäse, Rosmarin und Walnüssen

veggy!

Zubereitung ca. 50 Minuten
Für 3–4 Personen

Für den Teig
250 g Mehl (Type 405) plus etwas für die Arbeitsfläche
1 Prise Salz
30 ml Olivenöl

Für den Belag
2 feste Birnen
1–2 rote Zwiebeln
4 Rosmarinzweige
2 EL Olivenöl
150 g Ziegenfrischkäse
100 g Schmand oder Crème fraîche
Salz
frisch gemahlener Pfeffer
30 g Walnüsse
3 EL flüssiger Honig

Den Backofen auf 220 °C Ober-/Unterhitze vorheizen.

Für den Teig das Mehl mit dem Salz mischen. Nacheinander das Olivenöl und 125 ml lauwarmes Wasser zugießen und alles zu einem glatten Teig verkneten. Den Teig auf einer bemehlten Arbeitsfläche ca. 2 mm dünn ausrollen. Anschließend auf ein mit Backpapier ausgelegtes Backblech legen.

Für den Belag die Birnen waschen, trocknen und vierteln. Die Kerngehäuse entfernen und die Birnen in dünne Spalten schneiden. Die Zwiebeln abziehen, halbieren und ebenfalls in Spalten schneiden. Die Rosmarinzweige waschen, trocknen und die Nadeln von 2 Zweigen abzupfen, klein hacken und mit dem Olivenöl mischen.

Den Ziegenfrischkäse mit dem Schmand mischen, glattrühren und mit Salz und Pfeffer abschmecken. Die Creme gleichmäßig auf dem Teig verstreichen. Die Birnen- und Zwiebelspalten darauf verteilen und die Olivenöl-Rosmarin-Mischung darüberträufeln. Die Walnüsse grob hacken und mit den restlichen Rosmarinnadeln auf dem Teig verteilen. Anschließend den Honig in dünnem Strahl darübergeben.

Den Flammkuchen im Ofen ca. 15–20 Minuten goldbraun backen.

Tipp:
Alternativ kann man auch Fertigteig aus dem Frischeregal verwenden.

Geröstete Maronen
mit Zimtzucker

veggy!

Zubereitung ca. 50 Minuten
Für 4 Personen

Zutaten
1 kg Maronen
½ TL Zimtpulver
2 EL Zucker

Den Backofen auf 220 °C Ober-/Unterhitze vorheizen.

Die Maronen an der spitzesten Stelle kreuzweise einritzen und in einer Schüssel mit kaltem Wasser ca. 20 Minuten einweichen. Anschließend abtropfen lassen, trockentupfen und auf einem Backblech oder in einer Auflaufform verteilen. Die Maronen ca. 30 Minuten rösten, nach 15 Minuten wenden – dabei verhindert eine Schüssel mit Wasser im Ofen, dass die Maronen austrocknen. Die Maronen sind gar, wenn ihre Schale an der Schnittstelle aufgegangen ist und das Fruchtfleisch weich ist.

Die Maronen zunächst leicht abkühlen lassen, dann schälen, zum Schluss mit der Zimtzucker-Mischung bestreuen und warm servieren.

Tipp:
Maronen passen als Topping zu Suppen, Salaten und Müslis und lassen sich auch gut mit Herzhaftem und Gemüse wie z. B. Rosenkohl kombinieren. Statt mit Zimtzucker können die Maronen auch pur oder mit Salz gegessen werden.

Saftiges Ofenhähnchen

mit Blumenkohl, schwarzen Linsen und Zitronensauce

Zubereitung 1 Stunde 30 Minuten
Für 1 Hähnchen

Für das Hähnchen
1 Knoblauchknolle
1 Hähnchen (ca. 1,4 kg)
Olivenöl
2 TL Meersalzflocken
8 Zweige frischer Thymian
4 Zitronenscheiben
1 kleiner Blumenkohl
3 Zwiebeln
Salz
50 ml Gemüsebrühe
125 g schwarze Linsen
frisch gemahlener Pfeffer
1 Spritzer Zitronensaft

Für die Zitronensauce
1 Schalotte
170 g kalte Butter
125 ml Weißwein
80 ml Geflügelfond oder -brühe
2 EL Wermut
1 EL Weißweinessig
Abrieb einer Bio-Zitrone
Salz
frisch gemahlener Pfeffer
1 Prise Zucker

Den Backofen auf 190 °C Ober-/Unterhitze vorheizen. Die Knoblauchknolle waagerecht halbieren.

Das Hähnchen abspülen und trockentupfen. 3 EL Olivenöl mit den Meersalzflocken mischen und das Hähnchen innen und außen damit einreiben. 4 Zweige Thymian mit einer Zitronenscheibe ins Innere des Hähnchens legen. Die Flügel und die Schenkel mit Küchengarn zusammenbinden. Das Hähnchen mit der Brustseite nach oben in einen mit Olivenöl bepinselten Bräter setzen.

Den Knoblauch sowie die restlichen Thymianzweige und Zitronenscheiben um das Hähnchen herum verteilen. Den Bräter in den Ofen geben und das Hähnchen ca. 60 Minuten goldbraun backen. Den Blumenkohl putzen, waschen und in Röschen teilen. Den Strunk schälen und klein würfeln. Die Zwiebeln abziehen und vierteln.

Den Blumenkohl und die Zwiebeln in einer Schüssel mit 2 EL Olivenöl mischen, salzen und nach ca. 30 Minuten Backzeit mit der Gemüsebrühe zum Hähnchen in den Bräter geben oder separat backen.

In der Zwischenzeit die Linsen in ungesalzenem Wasser nach Packungsanweisung garen, abgießen und zurück in den Topf geben. Mit 1 EL Olivenöl mischen, salzen, pfeffern und mit Zitronensaft abschmecken. Den Topf mit einem Deckel schließen, um die Linsen warmzuhalten, bis das Huhn fertig ist.

Für die Zitronensauce die Schalotte abziehen, fein hacken und in 1 EL Butter glasig dünsten. Mit Weißwein, Geflügelfond, Wermut und Essig ablöschen und auf ca. 70 ml einkochen. Die restliche kalte Butter in kleinen Stückchen zur Sauce geben und mit dem Schneebesen einrühren. Die Sauce sollte dabei nicht mehr kochen. Die Zitronenschale unterrühren und mit Salz, Pfeffer und Zucker abschmecken.

Das Hühnchen mit dem Gemüse, den Linsen und der Zitronensauce servieren.

Tipp:
Die Knoblauchknollen-Hälften ausdrücken und als Paste zum Hühnchen reichen.

Pilzragout

mit Knoblauch-Baguette-Kruste und Pancetta

Zubereitung ca. 50 Minuten
Für 4 Personen

Zutaten
5 g getrocknete Steinpilze
800 g gemischte Pilze
1 rote Zwiebel
2 Knoblauchzehen
1 Bund Lauchzwiebeln
½ Bund glatte Petersilie
Olivenöl
2 EL Butter
100 ml trockener Weißwein
250 ml Gemüse- oder Geflügelfond
250 ml Sahne
Salz
frisch gemahlener Pfeffer
ca. 12 Baguettescheiben
100 g geriebener Mozzarella
50 g dünn geschnittener Pancetta

Die getrockneten Steinpilze mit 100 ml heißem Wasser übergießen und quellen lassen. Die gemischten Pilze putzen und je nach Größe klein schneiden. Die Zwiebel und eine Knoblauchzehe abziehen und klein würfeln. Die Lauchzwiebeln putzen, waschen und in Ringe schneiden. Die Petersilie waschen, trockenschütteln und fein hacken.

Die Steinpilze nach ca. 10 Minuten aus dem Sud nehmen (2 EL Sud aufbewahren) und abtropfen lassen. 2 EL Olivenöl in einer tiefen Pfanne erhitzen, die gemischten Pilze und die Steinpilze darin anbraten. Anschließend aus der Pfanne nehmen und beiseitestellen.

Den Backofen auf 240 °C Grillfunktion vorheizen.

Die Butter in die benutzte Pfanne geben und die Zwiebel, die Lauchzwiebeln und den Knoblauch darin andünsten. Mit dem Weißwein ablöschen und etwas einkochen lassen. Den Fond, die Sahne und 2 EL Steinpilzsud zugießen und die Sauce ca. 5 Minuten cremig einkochen. Die Pilze hineingeben und nochmals aufkochen, die Petersilie untermischen und mit Salz und Pfeffer abschmecken. Das Pilzragout in eine Auflaufform geben und warmhalten, bis die Baguettescheiben geröstet sind.

3 EL Olivenöl in einer Pfanne erhitzen. Die restliche Knoblauchzehe abziehen, im Ganzen flach drücken und in die Pfanne geben. Die Baguettescheiben in mehreren Portionen knusprig rösten, auf dem Pilzragout verteilen und mit Mozzarella und Pancetta belegen.

Das Pilzragout für ca. 5–6 Minuten in der Mitte des Backofens überbacken, bis der Käse goldbraun und knusprig ist.

Tipp:
Das Pilzragout passt auch gut als Beilage zu gebratenem Winterkabeljau (Rezept Seite 66) und zu gebratenem Fleisch.

Knuspriges
Walnuss-Baguette

veggy!

Zubereitung 30 Minuten
Gehzeit 2 Stunden 10 Minuten

Für 2 kleine Brote
20 g frische Hefe
250 g Weizenmehl (Type 550)
250 g Roggenmehl (Type 1150)
1 TL Salz
1 Prise Zucker
Olivenöl zum Bestreichen
2 EL grob gehackte Walnüsse
Fleur de Sel

Tipp:
Das Walnuss-Baguette passt zu den Suppen (Rezepte ab Seite 70).

Die Hefe in eine Schale bröseln, mit 350 ml lauwarmem Wasser angießen, verrühren und 10 Minuten gehen lassen. Beide Mehlsorten mit dem Salz und dem Zucker gut vermischen. Die aufgelöste Hefe zur Mehlmischung geben, alles gut zu einem Teig kneten und zu einer Kugel formen.

Eine Schüssel mit Olivenöl leicht ausfetten, die Teigkugel hineingeben und abgedeckt 90 Minuten an einem warmen Ort gehen lassen.

Den Teig erneut kneten, die Walnüsse zugeben und weiterkneten. Anschließend den Teig halbieren, zwei längliche Laibe formen, auf ein mit Backpapier ausgelegtes Backblech legen, mit einem Tuch abdecken und nochmals an einem warmen Ort 30 Minuten gehen lassen.

In der Zwischenzeit den Backofen auf 200 °C Ober-/Unterhitze vorheizen und eine Schale mit Wasser auf den Boden stellen.

Die Brotlaibe mit Olivenöl bestreichen und Fleur de Sel darüberstreuen. Das Backblech in die Mitte des Ofens schieben und die Brote ca. 20 Minuten backen.

Zwiebel-Tarte-Tatin

mit Ahornsirup und Thymian

veggy!

Zubereitung ca. 50 Minuten
Für 1 Tarte

Zutaten
- 1 backfertiger Blätterteig (ca. 275 g)
- 8 Zwiebeln
- 3 Zweige frischer Thymian
- 50 g zimmerwarme Butter
- Salz
- 2 EL Balsamico-Essig
- 50 ml Wermut (optional)
- 1 EL Ahornsirup
- Salz
- frisch gemahlener Pfeffer
- 1 EL feiner weißer Zucker
- 1 TL Dijon-Senf

Außerdem:
- 1 Tarteform oder ofenfeste Pfanne Ø 25 cm

Den Blätterteig ausrollen, die Tarteform darauflegen und mit einem scharfen Messer einen Kreis aus dem Blätterteig schneiden. Anschließend den Blätterteig auf einem Brett oder Teller in den Kühlschrank stellen.

Die Zwiebeln halbieren und abziehen. Die Zwiebelhälften möglichst so in Scheiben schneiden, dass die Enden der Zwiebeln zusammenhalten. Die Thymianzweige waschen, trocknen und die Blättchen abzupfen.

Die Hälfte der Butter in einer Pfanne erhitzen und die Zwiebeln darin andünsten. Mit dem Balsamico-Essig und ggf. dem Wermut ablöschen, den Ahornsirup hineingeben und die Zwiebeln ca. 20 Minuten weich köcheln. Mit Salz und Pfeffer abschmecken und die Thymianblättchen untermischen.

Den Backofen auf 220 °C Ober-/Unterhitze vorheizen.

Die Tarteform mit der restlichen Butter bestreichen und gleichmäßig mit dem Zucker bestreuen. Die Zwiebelmasse darauf verteilen.

Den Blätterteigboden aus dem Kühlschrank nehmen, eine Seite mit Senf bestreichen und auf die Zwiebeln legen. Den Teig am Rand leicht nach unten drücken. Die Zwiebel-Tarte für ca. 20 Minuten in der Mitte des Backofens goldbraun backen.

Die Zwiebel-Tarte-Tatin aus dem Ofen nehmen, leicht abkühlen lassen, auf einen Teller stürzen und servieren.

Kapitel 7

Süßes – *tut gut und ergibt Sinn*

Ein Leben ohne Schokolade ist möglich, aber sinnlos. Wer auch immer das gesagt hat, hatte recht. Denn unser Verlangen nach dem süßen Kick hat kulturelle und evolutionäre Gründe. Unsere Vorfahren suchten nach süßer Nahrung, weil sie viele Kohlenhydrate und schnelle Energie lieferte. Heute wissen wir, dass unser Körper nach dem Naschen dazu noch den Botenstoff Dopamin ausschüttet – und der sorgt für Wohlgefühl. Allerdings: Für einen ausgewogenen Zuckerhaushalt sollten wir uns täglich nur einmal Süßes gönnen – am besten direkt nach der Hauptmahlzeit, weil zu diesem Zeitpunkt der Blutzuckerspiegel bereits angestiegen ist. Das ahnten wohl auch schon die Erfinder des Desserts. Das Lehnwort für Nachspeise stammt aus dem Französischen: „Desservir" bedeutet so viel wie „die Hauptspeise abtragen". Also: Dessert = Abschluss einer Mahlzeit. Ergibt Sinn. Lust auf was Süßes?

Apfel-Tiramisu

mit Mascarpone-Creme und knusprigem Mandel-Krokant

Zubereitung ca. 50 Minuten
Kühlzeit ca. 2 Stunden
Für 6 Personen

Für die Mascarpone-Creme
1 Ei (Größe M)
125 g feiner weißer Zucker
250 g Mascarpone

Für den Mandel-Krokant
1 EL Butter
3 EL Zucker
100 g gehobelte Mandeln

Für das Apfelkompott
1 Vanilleschote
800 g feste säuerliche Äpfel
50 g brauner Zucker
1 TL Zimt
120 ml Apfelsaft
1 Spritzer Zitronensaft

Für den Boden
200 g trockene Kekse
6 EL Apfelsaft oder Amaretto

Tipp:
Statt Mandelkrokant passen auch gebrannte Ahorn-Nüsse (Rezept Seite 137) als Topping. Für den Bodenbelag eignen sich z. B. Mandel-Cookies (Rezept Seite 142).

Für die Mascarpone-Creme das Ei trennen. Das Eigelb mit dem Zucker und dem Mascarpone verrühren. Das Eiweiß steif schlagen und unter die Creme ziehen. Abgedeckt im Kühlschrank mindestens 2 Stunden kaltstellen.

Für den Mandel-Krokant die Butter mit dem Zucker in einer Pfanne schmelzen, die Mandelhobel dazugeben und karamellisieren. Die goldbraunen Mandelhobel herausnehmen und trocknen lassen.

Für das Apfelkompott die Vanilleschote längs halbieren und das Mark mit einem Löffel herauskratzen. Die Äpfel schälen, entkernen, klein würfeln und mit Zucker, Zimt, Vanillemark, Vanilleschote, Apfel- und Zitronensaft in einen Topf geben und ca. 5–8 Minuten köcheln lassen. Die Vanilleschote entfernen und das Bratapfelkompott vollständig abkühlen lassen.

Für den Boden die Kekse grob zerkleinern und mit Apfelsaft oder Amaretto beträufeln. Auf die vorbereiteten Gläser verteilen, das Apfelkompott darauf schichten und zum Schluss gleichmäßig mit der Mascarpone-Creme toppen.

Das Apfel-Tiramisu bis zum Servieren kaltstellen und dann mit dem Mandel-Krokant bestreuen.

Bratapfel-Sirup

Zubereitung ca. 15 Minuten
Für ca. 500 ml

Zutaten
750 g säuerliche Äpfel
1 Zitrone
200 g brauner Zucker
1 Vanilleschote
2 Zimtstangen
4 Gewürznelken
3 Sternanis
2 Tropfen Bittermandelöl (optional)

Die Äpfel waschen, vierteln, entkernen und klein schneiden. Die Zitrone auspressen. Die Äpfel mit dem Zitronensaft und 750 ml Wasser in einen Topf geben und bei mittlerer Hitze ca. 15 Minuten kochen, bis die Apfelstückchen weich sind. Anschließend mit einem Stabmixer pürieren, die Masse durch ein Sieb schlagen und den Apfelsaft auffangen.

Den Apfelsaft mit dem Zucker in einen Topf geben. Die Vanilleschote längs halbieren und das Mark herauskratzen. Den Saft mit dem Vanillemark, den Zimtstangen, den Gewürznelken und dem Sternanis ca. 10 Minuten köcheln lassen. Den Topf vom Herd nehmen, Bittermandelöl nach Geschmack dazugeben und den Bratapfelsirup in eine sterile Flasche abfüllen.

Tipp:
Bratapfel-Sirup eignet sich als Süßungsmittel für Porridge (Rezept Seite 20), macht aus einem Glas Sekt oder Mineralwasser einen besonderen Aperitif oder gibt einer Kugel Vanilleeis eine herbstliche Note.

Knusprig karamellisierte

Ahorn-Nüsse

oder Mandelkerne

Zubereitung ca. 10 Minuten
Für ca. 300 g

Zutaten
100 ml Ahornsirup
300 g Nüsse oder Mandeln (mit Schale)
1 EL geschmacksneutrales Pflanzenöl (optional)

Tipps:
Die Nüsse schmecken solo als Snack oder als Topping für Bratapfel-Porridge (Rezept Seite 20) und den Schokoladen-Nuss-Gugl (Rezept Seite 149) oder geben Herbstsalaten einen köstlichen Crunch (Rezepte ab Seite 89).

Den Ahornsirup mit 100 ml Wasser in einer Pfanne bei mittlerer Hitze zum Kochen bringen. Die Nüsse hineingeben, mit einem Holzkochlöffel gut verrühren, bis alle rundum mit der Flüssigkeit benetzt sind. So lange weiterrühren, bis die Flüssigkeit verdampft ist und sich das Karamell um die Nüsse gelegt hat. Für den Glanz etwas Öl zugeben und nochmals gut umrühren.

Die Nüsse auf ein mit Backpapier ausgelegtes Backblech geben, gut verteilen und trocknen lassen.

Karottenkuchen

mit Pekannüssen und Pistazien

Zubereitung ca. 1 Stunde 10 Minuten
Für 1 Springform (Ø ca. 24 cm)

Teig
250 g Karotten
120 g Pekannüsse
2 Eier (Größe M)
200 ml Sonnenblumenöl
175 g Muscovado-Zucker
230 g Dinkel-Vollkornmehl
2 TL Zimt
1 TL Natron

Topping
50 g weiche Butter plus etwas zum Fetten der Form
90 g Puderzucker
2 TL fein geriebene Zitronen- oder Orangenschale
120 g zimmerwarmer Frischkäse

Zur Dekoration
gehackte Pistazien, Thymianzweige und gebrannte Pekannüsse (Rezept Seite 137)

Den Backofen auf 190 °C Ober-/Unterhitze vorheizen. Eine Springform (Ø ca. 24 cm) einfetten.

Die Karotten schälen und fein raspeln. Die Pekannüsse hacken.

Die Eier in einer Schüssel mit dem Sonnenblumenöl und dem Muscovado-Zucker schaumig rühren. Die Karotten mit dem Mehl, dem Zimt, dem Natron und den Pekannüssen zugeben und zu einem glatten Teig verrühren.

Den Teig in die vorbereitete Springform füllen und in der Mitte des Backofens für ca. 40–50 Minuten backen. Nach 40 Minuten eine Stäbchenprobe machen und ggf. noch weitere 10 Minuten backen. Den Kuchen zunächst in der Form und dann auf einem Backgitter vollständig abkühlen lassen.

Für das Topping die Butter mit dem Puderzucker und der Zitronenschale in einer Schüssel mit einem Handmixer glattrühren. Den Frischkäse zugeben, ca. 2 Minuten cremig weiß aufschlagen und ca. 20 Minuten im Kühlschrank etwas setzen lassen. Das Topping mit einem Messer oder Spachtel auf dem Karottenkuchen verteilen.

Mit Pistazienkernen, Pekannüssen und Thymianzweigen verzieren.

Fluffige Quitten-Kartoffel-Hörnchen

Zubereitung ca. 45 Minuten
Kühlzeit 1,5 Stunden
Für ca. 12 Stück

Zutaten
50 g weiche Butter
2 Eier (Größe M)
80 g Zucker
1 Päckchen Vanillezucker
250 g gegarte, kalte, vorwiegend festkochende Kartoffeln
250 g Mehl plus etwas für die Arbeitsfläche
1 Päckchen Backpulver
1 Prise Salz
12 TL Quittengelee (Rezept Seite 27)
Puderzucker zum Bestäuben

Die Butter, die Eier, den Zucker und den Vanillezucker in einer Schüssel schaumig rühren. Die Kartoffeln durch eine Presse drücken und die Masse mit dem Mehl, dem Backpulver und dem Salz in die Schüssel geben. Alles zu einem geschmeidigen Teig kneten. Sollte der Teig zu klebrig sein, noch etwas Mehl einarbeiten. Den Teig zur Kugel formen und abgedeckt ca. 1,5 Stunden in den Kühlschrank stellen.

Den Backofen auf 200 °C Ober-/Unterhitze vorheizen.

Den Teig auf einer bemehlten Arbeitsfläche rechteckig, ca. 5 mm dick ausrollen und daraus ca. 12 Quadrate schneiden. Die Quadrate sollten ca. 10 × 10 cm groß sein. Jedes Quadrat auf einer Seite mit Quittengelee bestreichen.

Die Teig-Quadrate von einer Spitze her aufrollen, sodass kleine Hörnchen entstehen. Die Kartoffelhörnchen in zwei Durchgängen auf ein mit Backpapier ausgelegtes Backblech legen und in der Mitte des Backofens ca. 20–25 Minuten goldbraun backen.

Die warmen Kartoffelhörnchen nach Geschmack mit Puderzucker bestäuben.

Tipp:
Kartoffelkörnchen lassen sich auch mit anderen Konfitüren oder mit Pflaumenmus zubereiten.

Softe
Mandel-Cookies

Zubereitung ca. 40 Minuten
Für ca. 20 Stück

Zutaten
3 Eiweiß (Größe M)
250 g Puderzucker
1 Päckchen Vanillezucker
2–3 Tropfen Bittermandelöl
1 Prise Zimtpulver
400 g fein gemahlene, ungeschälte Mandeln
ca. 20 blanchierte Mandeln

Tipp:
Dieses Mandelgebäck passt perfekt als Basis für das Apfel-Tiramisu (Rezept Seite 133).

Den Backofen auf 120 °C Ober-/Unterhitze vorheizen.

Das Eiweiß in eine Schüssel geben und steif schlagen. Den Puderzucker sieben und mit dem Vanillezucker vorsichtig unter den Eischnee heben. Das Bittermandelöl, das Zimtpulver und die gemahlenen Mandeln zugeben und zu einem Teig verkneten.

Aus dem Teig ca. 20 gleich große Kugeln formen und leicht flach drücken. Die Cookies jeweils mit einer Mandel verzieren und auf ein mit Backpapier ausgelegtes Backblech legen.

Die Mandel-Cookies ca. 20 Minuten in der Mitte des Ofens backen. Die Cookies sind nach dem Backen noch sehr weich, deshalb sollten sie zunächst auf dem Backblech und anschließend auf einem Backgitter vollständig auskühlen.

Karamellisiertes Herbstobst
aus dem Ofen

Zubereitung ca. 50 Minuten
Für ca. 4 Personen

Zutaten
800 g Zwetschgen
2 EL brauner Zucker
3 Feigen
250 g dunkle Trauben
1 Bio-Zitrone
1 Vanilleschote

Den Backofen auf 200 °C Ober-/Unterhitze vorheizen.

Die Zwetschgen waschen, trocknen, halbieren, die Kerne herauslösen, mit der Schnittseite nach oben in eine Auflaufform legen und mit dem braunen Zucker bestreuen. Die Feigen waschen, trocknen und vierteln. Die Trauben waschen, trockentupfen und – damit der Saft in der Frucht bleibt – samt Stiel mit den Feigen zwischen den Zwetschgen verteilen.

Die Zitrone heiß abwaschen, trocknen, die Schale fein abreiben und anschließend die Zitrone auspressen. Die Vanilleschote längs halbieren, das Mark herauskratzen und mit dem Zitronensaft mischen. Den Zitronensaft zu den Früchten gießen.

Die Auflaufform in die Mitte des Backofens schieben und ca. 30–40 Minuten backen.

Die karamellierten Früchte warm zum Schmand-Dessert (Rezept Seite 146) servieren.

Tipp:
Die Früchte passen auch sehr gut zu Natur-Joghurt oder als Topping zum Porridge (Rezept Seite 20).

Schmand-Dessert
mit geschmorten Früchten

Zubereitung 30 Minuten
Abtropfzeit ca. 8 Stunden
Für 4 Portionen

Zutaten
180 g Puderzucker
350 g Schmand
450 g Sahne-Joghurt
2 Eiweiß
1 TL Zitronenabrieb
500 g geschmorte, gemischte Früchte (Rezept Seite 145)
Minzblättchen zur Dekoration (optional)

Tipp:
Dazu passen je nach Jahreszeit auch andere geschmorte Früchte, z. B. heiße Himbeeren.

Den Puderzucker sieben und mit dem Schmand und dem Joghurt verrühren. Die Eiweiße steif schlagen und mit dem Zitronenabrieb unter die Joghurt-Masse heben.

Ein feines Sieb in eine Schüssel hängen und mit einem Mulltuch ausschlagen. Die Joghurtmasse hineingeben. Die Schüssel abdecken und über Nacht zum Abtropfen in den Kühlschrank stellen.

Die fest gewordene Schmand-Masse vom Sieb auf einen Teller stürzen und mit den geschmorten Früchten (Rezept Seite 145) servieren. Nach Geschmack mit Minzblättchen dekorieren.

Schokoladen-Haselnuss-Gugl

Zubereitung 1 Stunde 30 Minuten
Für eine Guglhupf-Form (Ø 24 cm)

Zutaten
375 g weiche Butter plus etwas zum Fetten der Form
375 g Mehl plus etwas zum Bestäuben der Form
1 Vanilleschote
1 Prise Salz
250 g Zucker
5 Eier (Größe M)
200 g gemahlene Haselnüsse
2 EL Rum (optional)
200 g dunkle Schokolade
1 TL geriebene Orangenschale
200 g Zartbitter-Kuvertüre
50 g gebrannte Ahorn-Haselnüsse (Rezept Seite 137)

Den Backofen auf 180 °C Ober-Unterhitze vorheizen.

Die Guglhupf-Form mit Butter einfetten und mit etwas Mehl bestäuben.

Die Vanilleschote längs halbieren und das Mark herauskratzen. Das Mark mit der Butter, dem Salz und dem Zucker cremig rühren. Anschließend die Eier nacheinander zugeben und jeweils ca. 1 Minute unterrühren. Das Mehl gesiebt mit den gemahlenen Haselnüssen in die Schüssel geben und mit dem Rum (optional) zu einem Teig verarbeiten. Die Schokolade hacken und mit der Orangenschale unterrühren. Den Teig gleichmäßig in der Guglhupf-Form verteilen und ca. 1 Stunde in der Mitte des Backofens backen.

Den Kuchen zunächst in der Form und dann auf ein Backgitter gestürzt komplett abkühlen lassen.

Die Kuvertüre hacken, über einem heißen Wasserbad schmelzen, über den Kuchen geben und mit den gebrannten Ahorn-Haselnüssen dekorieren.

Tipp:
Dieser Kuchen schmeckt auch mit gemahlenen Mandeln im Teig und gebrannten Mandeln als Topping.

Register

Über die Autorin

Saskia van Deelen lebt und arbeitet in Hamburg. Sie entwickelt Rezepte, kocht und stylt für ihre Lieblingskunden, schreibt und fotografiert für ihren Blog Dee's Küche. Aufgewachsen mit Omas und Opas großem Gemüsegarten, hat die saisonale und regionale Küche sie schon früh geprägt. Später hat sie ihren erwachsenen Kindern die Anfänge ihres Blogs gewidmet, damit sie während der Studienzeit so lecker und gesund wie zu Hause essen können. Denn Saskias Vorliebe für die einfache, aber abwechslungsreiche heimische Küche hat sie sich immer erhalten – eine Wohlfühlküche ohne kompliziertes Küchenlatein, ohne komplizierte Zutaten. Für „Herbstküche – erntefrisch auf den Tisch" kocht sie mit regionalen Produkten nicht nur rustikale Klassiker, dampfende Aufläufe und Suppen, sie liefert auch wärmende Frühstücksideen und Rezepte für knackige Herbstsalate.